U0895717

Stephen Owen

宇文所安作品系列

ALL MINE!

Happiness, Ownership, and Naming in Eleventh-Century China

悉为我有！

11世纪中国的快乐、拥有、命名

〔美〕宇文所安 著

杜斐然 译

生活·讀書·新知 三联书店

图书在版编目（CIP）数据

悉为我有！：11 世纪中国的快乐、拥有、命名 /
（美）宇文所安（Stephen Owen）著；杜斐然译 .
北京：生活 · 读书 · 新知三联书店，2025. 9.（2025.12 重印）
（宇文所安作品系列）. -- ISBN 978-7-108-08025-7

Ⅰ . I209.44

中国国家版本馆 CIP 数据核字第 20251C9E64 号

责任编辑　宋林鞠
装帧设计　蔡立国
责任印制　卢　岳
出版发行　生活·讀書·新知 三联书店
（北京市东城区美术馆东街 22 号 100010）
网　　址　www.sdxjpc.com
图　　字　01-2022-3680
经　　销　新华书店
制　　作　北京金舵手世纪图文设计有限公司
印　　刷　河北品睿印刷有限公司
版　　次　2025 年 9 月北京第 1 版
2025 年 12 月北京第 2 次印刷
开　　本　880 毫米 × 1230 毫米　1/32　印张 6
字　　数　114 千字
印　　数　4,001－6,000 册
定　　价　69.00 元
（印装查询：01064002715；邮购查询：01084010542）

目　录

导　言

名人欧阳脩*（1007—1072）曾记下过一则他听来的笑话，到他讲的时候这笑话应该已经很老了。和所有老笑话一样，重讲一遍的效果多半比译一下要好。说有两个人，一个有智谋，另一个性褊急，两人都是五代时期的中书侍郎。和凝和侍郎看见冯道冯侍郎（号“长乐老”）穿了双新公靴，便指着他的脚问：“你这花了多少钱？”冯道翘起一条腿向他展示那只脚上的鞋说：“九百。”和凝立马叫来了他的随从，气哄哄地责骂道：“为什么我的新公靴花了一千八？！”在和凝把随从好好骂了一顿后，冯道微微一笑抬起了另一条腿，指着那只脚上的鞋说：“这也花了九百。”于是哄堂大笑。[1]

---

〔1〕“冯相道、和相凝，同在中书。一日，和问冯曰：公靴新买，其直几何？冯举左足示和，曰，九百。和性褊急，遽回顾小吏，云：吾靴何得用一千八百？因诟责。久之，冯徐举其右足曰：此亦九百。于是烘堂大笑。时谓宰相如此，何以镇服百僚？”李逸安点校：《欧阳修全集》，中华书局，2001 年，第 1911 页。

* 出版物中（无论繁简）的欧阳脩之名是作为“脩”还是“修”，学者有不同意见。本书依欧阳脩本人的书法署名取“脩”。——译者

欧阳脩有一条评论附后：“时谓宰相如此，何以镇服百僚？”

这个笑话有很多可供思考的地方。要不是英语和很多语言里都有烦人的单复数之分，那世上所有必须买鞋、穿鞋的人就都能领会这个笑话的妙处。一个说土耳其语的人会立刻觉得这是个有关纳斯尔丁·霍加（Nasreddin Hoca，就是现代汉语中的阿凡提）的故事。而在中文语境中，和、冯二人的朝廷侍郎身份更增添了喜剧效果。

这则笑话中可能令当今读者感到怪异不协调的是最后那句评判。欧阳脩会记下这则笔记显然是因为那个笑话，但他内心里有某种东西让他觉得他必须给这个笑话配上点什么批判性的话才能说得过去。他在这个笑话中找到了关于政府高官行为举止规范的道德教导，现代的批评家们则由此展开，反思起了五代政权的堕落。

这个笑话用不着特别设定在官府里——把它当作一则八卦来读即可，另外再加上一点与高官，与冯道相关联而产生的幽默感，算是不辜负冯道“长乐老”的名号；除此之外便没什么理由再去探讨更多史料上的确据了。但这个笑话也生出了些许让人不安的东西，这种不安促使它转化为一种道德教导。

从故事中汲取道德教导自古以来就是传统的一部分。这并不稀奇。稀奇的是这个故事显而易见的感染力与故事所引发的道德教导之间的戛戛不协。就在欧阳脩指责主人公的行为之前，我们看到的是中书堂大笑的场景：“于是烘堂大笑。”以听众的笑声结尾，是讲笑话的一个常见的收场方式，这样能吸引读者一起加入笑的行列。但当欧阳脩将这个场景脑补成一屋子下属嘲笑他们的长官时，叙事便从笑话变成了丑闻。这个转折的发生源于对行为不端的本能监察，哪怕是在通常不受监管的玩笑场合中，也难免即刻遭到谴责。

这个笑话本身还显露了其他一些问题。这些“君子们”，朝廷的高官，他们正在谈钱，而且是在公开场合谈钱。五代的背景设定提供了便利，因为是过去发生的事，便与当下拉开了距离。但是，跟钱有关的一切在欧阳脩的时代是无所不在的，虽然最正经的写作都小心翼翼地对这个话题保持沉默。欧阳脩是否“盗甥”我们永远无从得知，但他曾经用甥之资产买田立欧氏券一事则是确有其据的。〔2〕

王安石（1021—1086）的经济改革方案付诸实施后，朝廷

---

〔2〕 关于“张氏甥”一事的要略，可参见艾朗诺（Ronald C. Egan）的 *The Literary Works of Ou-yang Hsiu (1007-72)*（Cambridge: Cambridge University Press, 1984）, p. 6。
译者按，本书英文原著所提及的外文参考书目中有些已有中译本——包括全书多次提及的艾朗诺教授的 *The Problem of Beauty: Aesthetic Thought and Pursuits in Northern Song Dynasty China*（Cambridge, Mass.: Harvard University Asia Center, 2006），以及杨晓山教授的 *Metamorphosis of the Private Sphere: Gardens and Objects in Tang-Song Poetry*（Cambridge, Mass.: Harvard University Asia Center, 2003），有些则没有中译本。为保证准确性和格式统一，译文保留原著引文和注释样式，各征引文献之册数、页码数等亦依其外文原著册数页码。同时，对于已有中译本且在本书“延伸阅读”一章中提及的外文参考书目，皆在“延伸阅读”中出译者注，给出各译著出版信息，以便读者查阅。

就有可能通过发放国家贷款给受重利盘剥的农民而获取利息，神宗（1067—1085 在位）对此表现出了相当的隐忧（尽管政府贷款的利息已经比职业放贷者低了很多，后者年息高达百分之百）。[3]

中国古代儒家经典《孟子》的开篇是一段孟子与梁惠王的著名对话（《梁惠王上》第一则）：

> 孟子见梁惠王。王曰："叟不远千里而来，亦将有以利吾国乎？"孟子对曰："王何必曰利，亦有仁义而已矣。"

这段虽然无涉玩笑，但却是一个古代版的道学先生"干预"对话的故事。北宋在两种相互对立且无法调和的势力下正变得日益分裂：一边是利，是一双更便宜的好鞋；另一边是一种道德的纯粹性，视趋利为卑下，不值挂怀。有一部分人持非此即彼的立场，全身投入于某一边；但大多数人是让二者在自己身上并存，最简单的融通冲突的办法就是做伪君子——或者用宽容些的说法，就是将不同的领域区隔开来，在每个领域内部以一方为主宰。侍郎们在中书公开讨论鞋子的价钱，这是一

---

〔3〕 史乐民（Paul Jakov Smith）对王安石"新政"的经济背景做过非常好的介绍。参见崔瑞德（Denis Twitchett）、史乐民所编的 *The Cambridge History of China,* vol. 5, part 1: *The Sung Dynasty and Its Precursors, 907-1279*（Cambridge, Cambridge University Press, 2009）一书"Shen-tsung's Reign and the New Policies of Wang An-shih"一章，pp. 347-464。

个领域对另一个领域的不当侵染。

“利”作为第一种势力得以释放，部分要归因于从东南亚引进的一粒不起眼的“占城稻”种子——或者说二十石不起眼的“占城稻”种子——占城稻的成熟期比富庶的长江中下游农业区之前种的稻种短得多，可以做到一年两熟而不是一熟。对一个建基于碳水化合物盈余之上的王朝而言，一年两熟可谓是摇钱树了。占城稻的引进，再加上其他稻种和农作物的改良，使原先的荒地变成了耕地，继而带来了经济的大繁荣。经济的大繁荣通常会使富者愈富，贫者愈贫。

生活在温带的所有农民都面临青黄不接的问题，他们得挨过从上一年秋收到下一年春天头一茬庄稼长熟中间的这段时间，还得给春耕存下足够的余种。钱引铺会放出高利贷。有些农民的日子蒸蒸日上，但有相当多的人正日渐堕入穷困，把田产转让给持有免税券的大庄园。土地转手给大地主后，农民们还是被绑缚在土地上，这就几近“农奴”了。

这个巨大而古老的国家的掌事者们逐渐意识到了经济管理的必要性。这些人都相当聪明，但管经济他们是外行，尤其是当他们用基本属于中世纪的手段去管理这么大一个国家的经济体的时候，就更显得外行了。他们解决问题的唯一办法就是下达官方命令并强制执行。这样理所当然地就会催生出官方命令中潜在的所有问题，而任何官方命令都是有潜在问题的。这些问题反过来又会让政策的反对者们进一步确信这并非政府当行之事，政府该做的就是对民众进行道德教育。简言之，碰到义，利就又有了问题。

这便把我们引向了与利相对的另一股反势力：儒家经典的刊刻和流行在官方资助下达到了前所未有的规模。五代时期即曾有两个国家试着这么做过，与唐代 9 世纪的碑石刻经相比，这时候的刊刻成本已经没有那么高昂了。在石头上刻经是为了把文本固定下来，手抄本的经文文本往往有差异。北宋初的官印本也有其自身的文本讹误，但至少这些讹误是大家共有的，不像手抄本那样，千本千样，各有各的传抄讹误。〔4〕

唐代选官，大部分是从官宦世家中物色，这些世家子弟在长大的过程中就了解了政府运作的机制。出身较低阶层，尤其是外省较低阶层的官员，在官场中占比很小，而且通常只被授予较低的官职。

宋朝实际上已经在实践唐代曾经有过的英才治国的理念，录入官僚体制的大多是通过了进士考试的人（而不是让大家族的子弟充斥官场），而且吸纳了相当多出身外省的官员。这些年轻人主要是在经书中接受道德教育，以历史学习为补充，而历史也是以道德方式来理解的。

这种教育的后果开始在 11 世纪显现出来：整个 11 世纪，

---

〔4〕 关于宋代官方印本的问题，参见 Susan Cherniack 的文章 “Book Culture and Textual Transmission in Sung China,” *Harvard Journal of Asiatic Studies* 54, no.1（June 1994）, pp. 5-125。

人们总有道德教导的冲动，而且一旦预见到有批评的声音出现就本能地先发制人，本书将要讨论的几个文本就说明了这一点。进入 12 世纪后，对人和文本的批评越发尖刻，刺耳的程度急剧上升。

我们将要讨论的这些文本，其直接关涉的，既不是由金钱和货买充斥着的不断变化的社交世界，也不是由道学或新儒家充分实现了的儒家伦理思想，而是两股势力的相交地带。在这样一个相交地带中，通过购置与拥有来思考“乐”的冲动将会同时遇到来自内部和外部的道德评判的声音。严苛的伦理学家程颐（1033—1107）曾试图解释《论语》对“好学”和“乐学”的区分，他说，“好之者”如游他人园圃，而“乐之者”则如在自家园圃。看到这个类比，我们就知道这两股对立的势力相互交织渗透得有多深了。

本书的几章都围绕乐的问题展开，这种乐仰赖于对世间某些东西的拥有——无论是实际上的拥有还是概念上的拥有。其反作用力是道之乐。对乐的反思又往往与名奇异地混杂在一起——命名、名的稳定性、因有了某个“名”而衍生出的价值等。

乐（Happiness）

中国关于乐的话语历史久远，而且很有意思。《论语》首开其论，《孟子》讨论尤详（《孟子》在宋代经历过一个升格运动，成为儒家经典之一）。此后，有关乐的话语只是偶有浮现，直至 11 世纪的北宋才复归大观。

可以肯定的是，乐一直作为一种事实而存在：人们总是有时乐有时不乐。但活生生的事实与话语是有区别的，话语不只是宣告一下某个人乐便罢了，而是思考乐的条件有哪些，什么能让一个人乐。在先秦的话语中，一个人可以乐于道，乐于天，乐于学，乐于礼，乐于义举；但将“物”或对物的拥有视为乐的一部分这种观念，在古代时期一般不成为讨论的问题。而到了宋代，这俨然已成为一项议题。

对乐的兴趣往往被置于一个更大的工具性的空间中：做一些可以带来乐的事，或者拥有一些可以带来乐的物。这常常是通过未来假定的某个状态来表达的（比如“径欲往买田”），或是颂扬那些让人乐的条件，如果这个人已经有乐的话。道学哲人可能会颂扬道中之乐，邵雍（1012—1077）的诗即是最显著的一例。[5] 其他很多人是对更物质性的乐感兴趣。我不是说所有人都相信“拥有”某些东西会带来乐；有些人明显认为执于物反而会让人不乐。但这些彼此相反的理念却都是基于一个问题产生的，那就是乐与物的关系。

---

〔5〕 关于邵雍对乐的讨论，可参见杨晓山 *Metamorphosis of the Private Sphere*, pp. 197-228。

在《论语》中，乐徘徊于两种状态之间，一种是附着于某些条件，一种是超越诸项条件。事实上，《论语》开篇第一条就在讲乐的条件，虽然这种条件不是物质性的，“子曰：学而时习之，不亦说乎？有朋自远方来，不亦乐乎？”。“说”（被取悦）与“乐”的并置，似乎表明“乐”只是“说”的异文，是个无关紧要的词。但须注意的是，在儒家思想中，有条件的乐通常是社会性的；而在我们接下来要讨论的北宋的一些文本中，有条件的乐往往是“独乐”，“独乐”是个富于内涵的词，与《孟子》中所讲的社交性的乐公然相抗。

《论语》中其他论及乐的地方，讲的通常是比较无条件的乐，即顺其性而乐，而非因某个严格的条件而乐。“知者乐水，仁者乐山。知者动，仁者静。知者乐，仁者寿。”第一组对句中的“乐”是一对带宾语的及物动词，意为“乐于何事”，对有知和有仁的两种人都适用。最后一句中的“乐”是指一种状态，仅限于知者所有。

从孔子那个著名的“好，更好，最好”的排序中可以看到一种把乐变得更普遍也更高级的冲动，“子曰：知之者不如好之者，好之者不如乐之者”。“好之”会产生欲望的鸿沟，“乐之”却不会。不难看出，这种区分很容易为购置和拥有的欲望提供支持。

乐作为某类特定的人的精神状态，其最好的体现是这类人身处困境时的波澜不惊。让人想起这种乐的最广为人知的一段话是孔子对他钟爱的弟子颜回的评价，“子曰：贤哉回也！一箪食，一瓢饮，在陋巷。人不堪其忧，回也不改其乐”。孔子关注一个人对逆境的经受，但这句话中的措辞值得注意。颜回不“改”其乐，这其实是在说，这种乐是一种持续的状态，不因外部条件的改变而改变。吸引道学思想家的正是这种作为存在状态的乐；无论是面对世上常有的那些诱惑还是贫乏中的困苦，这种乐始终如一。

《论语》中讲到的乐的社交性，即偕乐之乐，在《孟子》中回归，并成为一个重要话题。《梁惠王上》第二则即为一显例：

> 孟子见梁惠王。王立于沼上，顾鸿雁麋鹿。曰：“贤者亦乐此乎？”孟子对曰：“贤者而后乐此。不贤者，虽有此不乐也。诗云：‘经始灵台，经之营之，庶民攻之，不日成之。经始勿亟，庶民子来。[6]王在灵囿，麀鹿攸伏。麀鹿濯濯，白鸟鹤鹤。王在灵沼，于牣鱼跃。’文王以民力为台为沼，而民欢乐之。谓其台曰灵台。谓其沼曰灵沼。乐其有麋鹿鱼鳖。古之人与民偕乐，故能乐也。”

本书几篇文章中所讨论到的多篇文学作品都是在回应上面

〔6〕“庶民子来”一句我在英文中翻译为“The common folk came as children”，是依东汉之释义，此释义在北宋仍是通行之释义。

这段话和它所提的议题。所有权（ownership）就其本质而言是否定共享的，除非所有者允许。司马光（1019—1086）曾因其“独乐园”的名字遭人非议，不得不为所有权的这个非共享原则而辩护。但《孟子》这段话所说的，不是要共享台和沼，而是与民众共享其乐。梁惠王问孟子的话很有意思，因为其言下之意是说“贤者”或许是高于这种民众之乐的。孟子很“孟子”地扭转了问题的方向，说成只有贤者才能享受到这种乐；不过，这乐本质上不在于园囿本身，也不在于是否拥有园囿，而在于民众乐见其拥有园囿、而他与民众共享了民众的这种乐。这看上去或许是个过于细微的哲学性差异，但本书的几篇文章都是围绕这一问题展开的。

这个问题在《梁惠王下》中再次出现，也是很有名的一段话：[7]

> 曰：“独乐乐，与人乐乐，孰乐？”曰：“不若与人。”曰：“与少乐乐与众乐乐，孰乐？”曰：“不若与众。”

“独乐”是一种有问题的乐，到了北宋就更是如此。

但假设我现在是独行于山间然后遇到了美景。我坐下来看

〔7〕 此处我将避免讨论“独乐乐”究竟该是“独乐（yuè）乐（lè）”还是“独乐（lè）乐（yuè）”的问题。北宋对“独乐”的理解显然是“独乐（lè）”。

景，感到了乐。这也是“独乐”，但却不会遭到《孟子》中对独乐的那种隐含批判。与“与众乐”相对的那种独乐，只有当它是为你所拥有、你有权让其他人都无法拥有的时候，它才是有问题的，而这已经非常接近“所有权”的一个定义了。

拥有（Ownership）

所有权（“拥有”/“有之”，ownership）是很难用古汉语来讨论的。也很难用许多其他现代语言来讨论。在西欧语言中，只有到了资本主义时代和哲学意义上的“权利理论”产生后，有关所有权的话语体系才发展成熟。古汉语中最接近所有权的词语大概是“己有”，大致表示“一个人自己的”。在现代汉语中，表示所有权的词变成了“拥有”，鸿篇巨制的《汉语大词典》中该词条下第一条释文来自毛泽东的文章（毫无疑问，“拥有”是个翻译来的词语）。

当我们思考关于“有（着）”（having）和“（拥）有”（ownership；译者按，本书各章谈到的“有”多为此义）这两个词各自的话语体系时，可以看到一些饶有趣味的差别。假设我说，“我有一杯啤酒”或“我有一捆青菜”。如果你要拿走我的啤酒或我的菜，我会说：“那是我的”，这实际上就是在宣示所有权。但如果我在几个小时内没有喝掉那杯啤酒，或者几天之内没有把青菜做成菜，那这些东西就不值得“有”了。如果我说我“有”一百美元，情况也是类似：我们都知道我会用掉或者花光这笔钱。如果有人要拿走它，我就会报警。

但现在假设说我有一百万美元。这不是一笔我会在一个月内花光的钱。这笔钱成了我的一种身份，改变着其他人看待我的方式，也改变着我看待自己的方式。假设说我收藏了一批精美的商代青铜器；可能值一笔巨款，但我们都知道，除非我是个古董商或者陷入了入不敷出的状况，我永远都不会卖掉这批收藏，无论它们值多少钱。这种情况下，所有权的转让就变成了一个意义重大的举动：如果我把这批收藏传给子女，这就是家族遗产，与家族同在；如果我把它给了博物馆，那几乎可以肯定会有个小标签写着“宇文所安赠”。假设我有一座人人都想探访的名园；人人都知道这个园子是属于谁的，当他们想起我时，他们会想到我是这个园子的主人，或者反过来，当他们探访这个园子时，他们会想起我。“自我”和“园子”各自成为彼此的核心属性。

这样，在人及其所有物之间就产生了一种变动不居的关系。价值的种类各式各样，从某物上滋长出的价值越多，我就越有可能被我所拥有之物定义，而我也越有可能用我所拥有之物来定义自身。话说到这，我已经离苏东坡《宝绘堂记》中的王诜和李清照《金石录后序》中的赵德甫那样的痴心的收藏家不远了。

此刻你可能在想，这是很有意思，但这跟中国文学有什么关系？那假如我现在说“我有一万卷书，一千卷古碑帖，一张琴，一局棋，一壶酒”，我是谁呢？

> 吾家藏书一万卷，集录三代以来金石遗文一千卷，有琴一张，有棋一局，而常置酒一壶。

你可能还记得我开始时说我“有”一杯啤酒。你要意识到“有一杯啤酒”和“常置酒一壶”之间的差别：这壶酒显然来自一个取之不尽的储备，随时可以续杯。这是一种不同的“有”——更确切地说是“拥有”。

命名（Naming）

我随后还会回来讲《六一居士传》中这段关联了“乐”（乐之）、“命名”（名之）和“拥有”（有之）的引文。如果说“拥有”的话语用汉语难表达，那么关于“乐”与“命名”的讨论则是有太过复杂的一段长历史，此处无法尽述其详。我只简单提出几个问题。

《论语》中有关命名的最著名的段落之一是“齐景公问政于孔子”，孔子给了一个很精练的回答：“君君臣臣父父子子。”（12.11）这段话开启了一个以“正名”为中心的长久的传统：名实须相副，“君王当行君王所当行”，诸如此类。对个体的德性发展而言，这意味着其角色的合理内化；对那些通过历史书写来记述世界的人来说，这意味着以正当的名来指称事物。儒家被称为“名教”，即是由此而来。

如果事物被称之以正当的名，那么只要该事物稳定不变，或者因之得以命名的关系稳定不变，这个名也应当稳定不变。在文学传统中，命名通常是一个反思性的举动，须得解释此名何以为正名。从一个外部视角来看，中国人对给各种各样的地点和事物命名的迷恋是个有趣的现象，尤其是当我们考虑到名在中国常常是不稳定的这一事实，这种迷恋就显得格外有趣。人会有好几个名字，地名也常常变更。这些作家们所处的世界，是一个只有当你叫对了所有的名或理解了现有之名何以为“正”，它才会变得明晰可解的世界；当作家们与这样一个世界交涉周旋时，命名之举或溯名之源便具有了反思的分量。所以六一居士才会告诉我们为什么他之前的自命名（“号”）是错的，而新起的名才是正名。

把自己的名字附着于某地，命名就是一种获得所有权的形式。“醉翁亭”便得名于欧阳脩的第一个号“醉翁”。欧阳脩没造这个亭子，按理说这不是“他的”；但他通过用自己给亭子命名来宣告了对它的所有权。哪怕是给出名字的人没有用自己的名字命名，如果他有一篇伴随这个名字的文章在友人中流传，“命名”也会变得“有名”。建筑物会年久失修覆于倾颓，但名字往往比建筑物更耐久；与一个耐久的名字附着在一起的旧址常常得到重建，而且真的是持续不断地被重建，因此，就如同某地有其名一样，因了某名其地也得以造就。命名与拥有是密切相关的：给某物命名就是宣告了对此物的拥有权。

随着北宋的艺术市场的增长及其与其他货币经济市场的结合，“名”也获得了商业价值。一个君子，不管他有多不愿意和粗俗的商界产生瓜葛，可能恰恰会被自己的名号拖入市场的网罗。

散论（Essay）

我一直都对学术写作的“文体”有兴趣。“文体”这个词会引来学者们一声怨念的愁吟，无论是文学学者还是其他领域的学者都是如此。但当这个词转而作用于我们自身、成为一种不但塑造我们的写作也塑造我们所使用的思想形式时，它可能就不那么枯燥沉闷了。如果说我们从过去的半个世纪中曾学到了点什么，那就应该明白我们不是在自由地“使用语言”，而是被语言习惯和已经内化了的话语系统所塑造。

当我们在学术写作中思考“文体”时，它是一套教人如何为某一特定群体内的某一特定情况写出“契合形制范式的文辞表述”的惯有程式、要求和免错指南。一个群体或领域内的学者对另一个领域用的话语常常无法感到满意。通向学界种类繁多的各行各业的，恰是对某一类学术文体的精通。

当这种文体完全内化并有了固定程式后，它们自身便不再完全是一种思辨的对象了。和所有文体一样，学术文体是建立在习得的盲目性和对一些被剔除在考虑之外的现象之上的。比如，人们有时候很难看到（但并非不可能看到）的一点是，我们当下的学术文体是在更早期的文体基础上发展而来的，而早期文体有其自身的局限性。换句话说，我们当下的学科是已有文献的兴趣选择及其局限性的建构结果。有些沉默可以被认作是沉默，但更多情况下，那些被认作沉默的只不过是被当作了不存在。

在这样的写作方式中，一个学者会组织巨量的证据去证明某一特定的观点。同行们（他们通常对该学者用到的那些证据只具有初步的认知）会在一个形制范式都已充分建立的学术话语体系内审阅和首肯该学者的论证。但是，真相和一个契合形制规范的学术观点之间并没有确然的关联。另一位学者可能也会掌握这些证据或类似证据，然后写出第二篇文章去反驳第一位学者，得出不同的结论。人们往往更倾向于相信第二位学者的文章，因为这是后出的，而且一个主张我们会进步、会超越前人著述的更大意义上的目的论是能带来好处和利益的。依其形制范式去推行一种学术文体——这样就能保障真知吗？有些人相信是可以的，这种对真知的保障或许的确有其正当合理之处，但前提是我们必须承认，任何一种仪轨中都存在习得的盲目性。

又或许，当某一学科的仪轨范式将直觉上非常重要的一些因素剔除在了考虑之外，那么被剔除出去的因素越多，我们对这类论点的采信就应该越少。

也有遵循其他规则范式的学术写作文类，多增加几个这样的文类或有裨益。比如，我承认我对问题的兴趣就比对答案的兴趣要大。实际上，我最感兴趣的正是那些不断出现且无法完全回答的问题。

话语体系就其本质而言是不可能解决所有问题的，但我们可以以不同方式思考历史现象，这种思考方式的多样性会不断提醒我们注意那些习以为常的程式的局限性。

蒙田所定义的“散论”即是一种可能的学术写作文类，其意为“试一下”或“一种尝试”，试着用不同的方式去阐明那些突出的问题。

我喜欢把文化和历史现象想象为不断变化中的生态系统或太阳系，每个身处其间的个别现象都在被整体改变，也改变着整体。在这样的系统中，因果关系具有了数理意义上的“复杂性”，而一旦因果关系变得数理性地“复杂”，因果和偶然之间的区别就微乎其微了。这种方式可以很好地帮我们理解事物的意义是如何变化的。比如，同一个论点可能有两个看上去非常相近的案例，近到一个案例就像是另一个案例的翻版。但如果把第二个案例放入它周边的文本当中去看，就会看到它用以说明该论点的缘由可能与第一个案例有差别，甚至互不相协。这听上去好像问题不大，但如果是涉及线性的论点或牢牢嵌定在线性论点中的思维程式，那问题就明显了。

和初唐史学家刘知几一样，比起司马迁的中心性叙事，我也更喜欢《左传》那种无心的编年纪事。编年纪事把历史变成了“一件又一件该死的事”。它有太多的交叉叙事，有的没阐述后果，有的干脆直接搁笔不写结尾，有的有非常怪异的叙事转向。因为有这么多的交叉叙事，想要从中生成任何线性叙事就都不可能了。在这样一团乱麻中，出现了试图找出些许一贯性的道德史家的声音，他们带着后来人对结局的知晓，在互相矛盾的假设前提下做着精准的预测。

了解近年来宋代文学研究的读者可能会对本书感到惊讶，因为我没有论及文学对道学（新儒家）之回应的问题。道学对文学有敌意，大量关于文学在变动的宋代思想版图中处于何种位置的思考，都是拜道学所赐。关于文学对道学之回应，已经有不错的研究，但这些研究都是在有限的一套问题设定中展开的，而这套问题又被严格隔离在了一个呈现社会变化与文学变化的更广阔的图景之外。本书中讨论到的有几个文本涉及与道德家们的对话，在道德家的批判中即能窥见这种图景，而道德家们的干预往往会迫使以言说者身份介入双方对话的文本作者做出退让，与之妥协。这种退让妥协是一个更大的争论所投下的阴影，这一争论发生在道学的道德化和文学的道德化之间，它用道学的语汇概念来批判文学，致使文学无力做出有效的回应。然而，这些作者仍继续写那些会招致批评的东西，而有些批评甚至就来自其内部自身。这不是一个道学的时代，别的那些兴趣并没有被摒除，来自内部的抗拒力量一直在不断冒头，而唯一能逃离道德监察的办法就是要么躲开，要么撒谎。

11 世纪的宋代构成了思考这些议题的优选阵地。这个阵地上有多种不同的力量参与角逐，也有对话语边界的审查监护，我们由此便可得知让当时人自己感到不舒服的议题有哪些。我的意思是，当时人会留意什么是有争议的，什么是不该说的，而这种审查可能是作者的自我内审，也有可能是来自友朋，或来自敌人。

对这个时代中**所有**的书写而言，最重要的事件就是苏东坡元丰二年（1079）因谤讪皇帝（主要是通过诗，但也有一些文）遭贬一事。本案的御史台卷宗是流传下来了的。[8]卷宗里收了一些苏轼的诗，用以表明他反对神宗支持的朝政；卷宗对诗意的解读有一些是可信的，但很多都荒谬可笑。这里我们可

---

〔8〕 英语学界中关于该事件的可靠研究，可参见蔡涵墨（Charles Hartman）的两篇文章："Poetry and Politics in 1079: The Crow Terrace Case of Su Shih," *Chinese Literature: Essays, Articles, Reviews*（*CLEAR*）12（December, 1990）: pp. 15-44；"The Inquisition Against Su Shih: His Sentence as an Example of Song Legal Practice," *Journal of the American Oriental Society* 113, no. 2（April-June 1993）: pp. 228-243。

以看到，任何书写都可能遭到有敌意的监察。乌台诗案的审判本身就很重要，因为在这一事件中，那些已经在精英社会中广泛发挥作用的力量达到了它们的顶峰。本书中的几篇文章没有论及这份卷宗本身，而是观察了事件的背景以及各方力量。在这样的背景和多方作用力下，乌台诗案只是其中一例而已。写什么安全、写什么不安全？当这成为一个问题的时候，沉默的轮廓就被勾勒出来了，而且沉默有时候会比那些被说出来的话更重要。

本书中的几篇文章是在北宋约六十年的时间中前后穿梭着讨论。有时候我们不按时间顺序走，但其他时候则会沿时间轴来看，以便说明正在发生中的变化。起始点不敲定就不好谈论因果中的因；而起始点是难以敲定的，因为看起来一样的话语运动如果被放在一个不同的语境中，它的意义也会不同。

隐现在这些文本所处背景之中的，是王安石及其追随者所推行的政策，以及被称为“旧党”的一群大声疾呼的异见者。随之而来的党争对本书论及的多位作者都产生了深远的影响。但党争并非是本书几篇散论中所描述的那些变化的因由，它本身就是想要重新定义政府在王朝中角色之变化的一个显著的例子。而王安石的诸项改革，本身也是一种试图通过改组一个中世纪政体来对经济进行集中管控的“散论”。

当我们看到不断有文本反复讲着“乐”，这并不意味着像吉川幸次郎所说的那样，宋比唐更乐，而是意味着乐在宋代已经成了一个要问的问题；这反过来其实就在暗示：乐，无论是哪一种，既没有实现也难以触及。

“其名何所寓”一篇从一个以自己心爱之拥有物给自己命名的问题开始谈起，作者欧阳脩说，借助这种方式他就能从公共世界中逃离，去享受乐。想象中的对谈者“客”批判了他的观点，面对内我的批判，无计奈何的欧阳脩没能给出充分的自辩。在第二篇“桃花源的长官”中，我们往前回溯了三十年，彼时年轻的欧阳脩正遭贬谪，流放到了今天安徽省的一个滞后地区，在偏僻但基本自足的滁州任地方官。欧阳脩试着在这里调和“乐”与“王朝”，寻找二者间的平衡（他从没提过课税或徭役的问题，但他开展“公共工程”恰是依靠徭役，本书中的一些文章也是因此而作）。滁州充满田园风调，与七个世纪前陶渊明写的“桃花源”遥相呼应。“桃花源”呈现了一个没有国家的令人心醉的社会，但欧阳脩的任务则是把国家及其权力等级重新写进这片乐土。

“缺席的石头”从欧阳脩仍为滁州刺史时说起。当地“菱溪六石”的地名给这位想要“正名”的地方官出了个难题，因为这六块名石中只有一块还在菱溪，其他五块都被收藏家拿去了。获取拥有权的问题出现在了世外桃源的滁州；欧阳脩曳走最后一块溪石，放在了滁州城。这么一来，菱溪连一块“菱溪六石”都没有了。

苏东坡也是位藏石家，途经湖口时发现了一块他很想买的石头。他当时正在赴任贬所的路上，因为不能随身带，就决定等回程时再买。但等他回来的时候这块石头已经被另一位藏石家买走了。因苏东坡的命名而变得有名的“湖中九华”石，追随着王朝的命运，终于进入皇家收藏，最后或许变成了一块石弩的射石，被射向了包围都城的金军。

“悉为我有”把我们带到了司马光的“独乐园”，“独乐”是一个与孟子讲的“众乐”相抗逆的名字。司马光为他的“独乐”园写了一篇很有名的记文，还写了很多首诗，这些诗文反过来又吸引了年年到此付费参访的游客；所有这些都让独乐园成了一个有关名、广告和商业价值的绝佳案例。此处同样出现了一个咎其“名”的道德家对谈者，司马光在做了一番“（园中之乐）自乐恐不足，安能及人”的辩解后，面对道德家的责咎，终究也被迫让步了。

“石自副其名”关注的是苏东坡在湖口遇到的另一块“石”——一块名为“石钟”的湖中小山。这是一块无法被藏家搬走的石头。为了弄明白此名何以为正名，苏东坡对“石钟”之名进行了一番考察。他留下了一篇关于石钟山的名文，从此这座山便永远和他的名字连在了一起，即便到了今天，一提起石钟山，人们仍会立刻想到苏东坡的名字。

接下来是苏东坡的门人兼友人黄庭坚，他为某商人的园林写了篇记文——而且多半是收费的。《松菊亭记》回到了前文讲过的文王“与人偕乐”的议题。黄庭坚给出了一个愿景，在这个愿景中，哪怕王朝摇摇欲坠，显赫而富有的本地商人也会在地方上重新创建桃源之制，用他的财富去援助他所在的社群。最后一篇散论“胸中竹与腹中竹”将要带我们去看的，是艺术家的签名，是对财富迷梦的调侃，还有大笑和死亡。

本书前五篇的早期版本，是我为北京大学首届“胡适人文讲座”（2010 年 5 月—6 月）所作的讲稿。本书第一篇的早期版本曾以《快乐、拥有、命名：对北宋文化史的反思》为题发表于《中国文学研究前沿》5（2011 年 3 月号），第 3—24 页。《桃花源的长官》一文曾刊载于《中国文学学报》（2010 年 12 月号），第 61—82 页。“胡适人文讲座”原版讲稿的中译曾结集成书，以《华宴》为名由南京大学出版社于 2020 年出版。本书这六篇的早期版本，在 2018 年 9 月台北举办的“唐奖”的多个场合和哈佛大学“赖世和讲座”（2018 年 10 月）的一次讲座中也都讲过。

本书讨论到的文本中包括了北宋最著名的几篇散文，另外有两部极佳的英文著作也讨论过这些文本及相关议题，特此指出。第一部是杨晓山的《私人领域的变形：唐宋诗词中的园林与玩好》（*Metamorphosis of the Private Sphere: Gardens and Objects in Tang-Song Poetry*）。第二部是艾朗诺的《美的焦虑：北宋士大夫的审美思想与追求》（*The Problem of Beauty: Aesthetic Thought and Pursuits in Northern Song Dynasty China*）。

在本书中，我尽量少用脚注，但对杨晓山和艾朗诺也都讨论过的那些文本，每次讨论到时我都会请读者参考这两位的著作。我时常感到我们三人沿着不同的旅行路线途经了一些相同的景点，而我们各自独特的路线也决定了我们在每一处将会看到哪些风景。书的最后我还附上了延伸阅读的一些书目。

1　其名何所寓：六一居士传

给自己命名是很有意思的一种行为。在北宋，士大夫取“号”成了普遍现象。人逃脱不了父母给的“名”——那种鄙贱但寓意逢凶化吉的乳名，也逃脱不了他们取的比较规正的“字”。对少数的成功人士而言，他们能得到一个谥号，拟谥号倒是会经过仔细商酌，但他们本人肯定是无分参决的。号，或是说假名，给了人推介自己更个人性也更私密的一面的机会，给了人自陈的机会。

欧阳脩自号“醉翁”时才三十多岁。“醉翁”不太符合一个尚沉沦于下僚、流徙于贬所的年轻文官的形象，但作为“号”是完全没问题的。等他到了六十多岁、真成了“翁”且仍然好酒的时候，他觉得三十多岁时自号“醉翁”是有些不妥。但他也没有保留“翁”的号，而是在更晚年的时候又改了一个奇特得多的号：“六一居士”。〔1〕

---

〔1〕　艾朗诺在 *The Literary Works of Ou-yang Hsiu (1007-72)* 一书中也讨论过这篇记文，pp. 163-164。

这么一个号在隐匿自我和推销自我之间达成了一种诙诡的平衡。很难说到底是为释六一居士之名而作了《六一居士传》(1070),还是为了作这篇《传》才取了这个名。这不是一篇记述人物籍贯、家世和生平的标准意义上的“传”。它是传主以此名号来定义自我的传。取了号,便会引来一问:“您这是什么意思?”为免无人询问,欧阳脩还引入了一个“客”,在传记里自己设下了这个应有之问。

虽然这是篇非典型的“传”,却并非没有先例。大概七百多年前,也曾有过一篇半真半假、亦庄亦谐的“传”,传主以五物而得其“号”,再加上传主本人就是“六”。这就是陶渊明(365?—427)的《五柳先生传》。按欧阳脩的逻辑,如果陶渊明也像他那样写“以吾一翁,老于此五物之间,是岂不为六一乎?”,那他也可以是“六一先生”。

欧阳脩的读者不会对“六一居士”的名号感到惊讶,那是因为传的文学体裁至此已经有了充分的文学演进;而在陶渊明那里,叫“五柳先生”是更合适的,因为他没有那样一位选择或转而自称“居士”的政治人物的历史、事迹和建议可供参询,从而为自己以“居士”自号寻求合理依据。五柳先生有一系列可见的特征,但也仅此而已,他唯一稳固的标识是宅边的五棵柳树。有这个名号只是偶然之机,其偶然性跟世上所有名字的偶然性比起来没有任何特出之处。谁的家宅旁边都可能有五棵柳树。我们得先想一想“五柳先生”才能理解“六一居士”。

先生不知何许人也，亦不详其姓字。宅边有五柳树，因以为号焉。闲静少言，不慕荣利。好读书，不求甚解，每有会意，便欣然忘食。性嗜酒，家贫不能常得。亲旧知其如此，或置酒而招之。造饮辄尽，期在必醉，既醉而退，曾不吝情去留。环堵萧然，不蔽风日。短褐穿结，箪瓢屡空，晏如也。常著文章自娱，颇示己志。忘怀得失，以此自终。

陶渊明《五柳先生传》

每当某一作者唤起某个前代的名篇以自比时，他想让人注意到的便不只是相似性，还有差异性。五柳先生和六一居士都爱书：一位是“好读书，不求甚解，每有会意，便欣然忘食”；另一位是“吾家藏书一万卷”。五柳先生和六一居士都爱酒：一位是“性嗜酒，家贫不能常得。亲旧知其如此，或置酒而招之。造饮辄尽，期在必醉，既醉而退，曾不吝情去留”；另一位是“常置酒一壶”。

很显然，五柳先生和六一居士与其所爱之物之间的关系有着深刻的不同。五柳先生的乐是没有延宕的，就是说，传记呈现出的是他正在享受他正在拥有的东西。六一居士对物的拥有则在于预期，对使用和享受这些物的预期。他或许是爱读书的，但他乐于知道自己拥有多少卷书。他或许是爱饮酒的，但他乐于知道自己手边常常有酒。他的乐在于期冀之中，由拥有所保障，而且已经从消费经验之乐转变成了消费与享受之资力之乐。此外，六一居士所享受到的丰赡也与五柳先生之贫乏形成了对比。他常有酒壶在侧，而且酒壶永远是斟满的。

两篇传之间另一个深刻的不同点在于：陶渊明，《五柳先生传》的作者，在众人中造出了一个匿名的叙述者来讲述五柳先生的故事，而五柳先生的真名和生平都不得而知。这位叙述者首先告诉我们的，不单是五柳先生的姓名不详，而且连他是什么时代的人都不清楚。他似乎不是叙述者的同时代人，因为在文末叙述者说他“以此自终”。认识五柳先生的人都知道他没有别的名字。六一居士则不然。他并不试图隐藏他有另一个名字的事实，他姓欧阳名脩，是当时政界和思想界最显赫的人物之一。正如“客”将要提醒他的那样，“名不得逃”，与其名相系的个人历史亦不得逃。

欧阳脩在《传》的一开篇就告诉我们，他要改自号了：

> 六一居士初谪滁山，自号醉翁。既老而衰且病，将退休于颍水之上，则又更号六一居士。

此处的“名”当然仅仅是个“号”，是一个人为反映其身份认知而选取的一个名字。但欧阳脩先从回忆其早年的另一个号写起，其时他号“醉翁”，从他别的作品中可以得知，“醉翁”之号表达的是在天下太平、普天同乐的环境中他与众人共同领受的欢欣。《孟子》里讲的那种"与众偕乐"之乐在《六一居士传》中则完全消失了，与六一居士的身份紧密相连的似乎是"独乐"。《六一居士传》中的诸物都是欧阳脩的所有物，而不是太守和百姓得以同聚之所。

"正名"是个问题。在稍早的一首诗《题滁州醉翁亭》中，欧阳脩跟我们讲了一番有关"醉翁"之名的实话，即，这个名号何以与实情不甚相符："四十未为老。"同样，在作于同一时期的《醉翁亭记》中，欧阳脩说他之所以以"翁"自号，仅仅是因为他是座中年齿最高者；同时他还否认了这个自选名中"醉"字的暗示意，说他不过是将一些其他更严肃的关怀"寓"于饮酒之中罢了。在《六一居士传》这里，欧阳脩带着一种嘲讽的幽默提到了他早年自号的不准确：现如今他是真的既老且衰了，却要丢掉"翁"这个号了。从这番开场白来看，这篇传想要做到的是将其名与其人以某种方式统合起来。但我们知道，名是会有问题的。

> 客有问曰："六一，何谓也？"居士曰："吾家藏书一万卷，集录三代以来金石遗文一千卷，有琴一张，有棋一局，而常置酒一壶。"客曰："是为五一尔，奈何？"居士曰："以吾一翁，老于此五物之间，是岂不为六一乎？"

对谈者或"客"的存在是中国散文的一个重要写作手法，

涉及中国传统中知识的假设和推定。在一篇“论”中，作者可能会直接阐述非个人性的知识；但还有另外一种知识，尤其是那种与自己有关的知识，是只有在受到来自他者的挑战而被引发出来之后，才能得到认可的。欧阳脩知道这是个怪名，他需要别人给他一个解释的机会。一定会有人来问他“六一”这个奇特的名号的意思——此名是公之于众的，其含义却是基于仅限私人所了解的知识，得有些注解才行。给自己起这么个谜题般的名字，就是要引人质询，以便做出解释；通过作者的自命名以及他先给出那番不圆全的解答（六样事物中他只揭晓了书、金石遗文、琴、棋、酒这五样），我们便可看出他的开篇之间是怎样有心设置的了。

欧阳脩对自号的解释本应告诉我们其人“是”何人；但他只告诉了我们其人“有”何物，而且只说出了“五一”。这样就不可避免地会引着“客”去问剩下的那个“一”是什么：原来就是要老于五物之间的欧阳脩本人。正是在这个“五物加一人”的表述中，我们看到了存在于这位宋代作者身份背后的“五柳先生”。而我们又可以发现五柳先生和六一居士之间另一项深刻的不同。陶渊明的五棵柳树只是在那里而已，而且属于同一类东西。柳树的存在是个巧合，一个方便别人“定位”陶渊明的巧合，否则他就只是个无名无姓、自由自在的怪诞之人。而反观欧阳脩，他有长期积聚起来的风雅私藏，自号也由此而来。五柳先生之柳是实实在在有根的；这些柳树用它们稳定的

“根据地”定义了传主其人。六一居士之物则是传主的随行，跟着他迁转各地，是个随身携带的身份。在它们所定义出的这个空间中，主人说要以一己之身泯于众物之中只是做做样子罢了，连他自己都在提醒我们“吾”与“物”之间的根本差别。

当陶渊明的田宅被一把火烧掉了之后，他发现哪怕失去了所有的物质所有物，他也还是他，没什么变化；进而言之，假如五柳先生没有了五柳，他是不会在乎的。而欧阳脩，即便他选来定义自己的是几样特别的贵重器物——都是富于闲雅之趣的书、金石遗文、琴、棋、酒——定义他的也还是他的所有物；而在宋代的新世界中，这通常就是乐的条件。如果欧阳脩没了这些东西——书、碑帖、琴、棋局和酒——他也就失去了作为六一居士的名号和身份。

五物之“五”看着有清苦寒俭之意，但这只是用词上的假象。五一中的两个“一”只是用来计数更大的数目：一万卷书（大概相当于一千本现代的书）和一千卷金石遗文。表面上看是一个隐士安于有限和他寥寥可数的所有物，但实际上这些东西代表的是相当大的一份产业。欧阳脩的同时代人、《资治通鉴》的编纂者司马光说他洛阳庄园书房里的藏书量只有欧阳脩的一半。就算他真的只有一张琴、一局棋（多了又有何用？），他那“一”壶酒的有限性也不过是个假象——他“常”置身边的酒壶或许只有一个，但毫无疑问的是，只要他愿意，他可以随时将这个酒壶斟满。陶渊明跟这位“六一居士”的差距可太大了，他通常是喝不到酒的，偶尔才有“一壶”。关于有限性的修辞暴露了它本身的不实，《六一居士传》的作者给自己加的这个新名号和他此前的“醉翁”之名一样成问题。

此人“有”物，也通过自己所有之物来定义自身。在这个名号之中有个内嵌的理论问题。“有”物就可能意味着被自身所“有”之物定义，所以自身便既是物主，同时也为其所“有”所囿。名号中的“六”，也就是积聚在一起的第六个“一”，试图把物主自己加进另外的“五”个“一”中，以便解决这个内嵌的理论问题，但这是“六一”中那个特别的“一”——我们都知道——和另外五个一的地位不同。

听罢欧阳脩对名号的这番解释，“客”借着名号“之名”与“声名”或“名声”之名的一语双关（“声名”或“名声”之“名”在英语中有一种私产的意味，“为自己求名”之意），给出了意料之中的反驳。

> 客笑曰：“子欲逃名者乎，而屡易其号，此庄生所诮畏影而走乎日中者也。余将见子疾走大喘渴死，而名不得逃也。”居士曰：“吾固知名之不可逃，然亦知夫不必逃也。吾为此名，聊以志吾之乐尔。”

在“客”看来，“易其号”似乎是“逃名”的另一种方式。做“居士”意味着从公共视野中抽身，以求“名”之不显；但欧阳脩这番“易其号”，并另择新异之名号的操作，实际上是为自己做广告。欧阳脩回应说，他知道“名”之不可逃——这个“名”我理解为泛指的“名声”之名——因此他换不换成某个特别的名字都是无所谓的。他还讲了自己取名的动机：“吾为此名，聊以志我之乐尔。”“聊以”这个措辞，是想表达一种随意为之、随手挥就之感，以防人们疑心这个“名”号是为了博“名”声而取。但这句当中的“志”又有纪念之意，透露出一种对公共性或抵御遗忘的期待。“六一”之名和此前的“醉翁”之名一样，其关注的中心都是“乐”。醉翁之乐是反身性的，即他者之乐中的乐。而在此处，当欧阳脩述其“乐”以答客之所问时，我们看到的是一种不同的乐：

> 客曰：“其乐如何？”居士曰：“吾之乐可胜道哉！方其得意于五物也，太山在前而不见，疾雷破柱而不惊。虽响九奏于洞庭之野，阅大战于涿鹿之原，未足喻其乐且适也。然常患不得极吾乐于其间者，世事之为吾累者众也。其大者有二焉，轩裳珪组劳吾形于外，忧患思虑劳吾心于内，使吾形不病而已悴，心未老而先衰，尚何暇于五物哉？虽然，吾自乞其身于朝者三年矣。一日天子恻然哀之，赐其骸骨，使得与此五物皆返于田庐，庶几偿其夙愿焉。此吾之所以志也。”

关于“乐”的一套话语体系总会想要对“乐”的缘由或“乐”的本质做出解释。这恰恰是“客”所提出的那个问题，而我们要知道，这个客多半就是欧阳脩自己臆想出来的。欧阳脩的回答相当奇特。“乐”的条件或许无法形之于言，但当一个人完全沉浸在他的“乐”中时，旁观者是可以观察并推知到这种“乐”的条件的，而在欧阳脩这里，他的“乐”是以他的“物”的存在为条件的。我们下面还会讲到一篇文章，讲欧阳脩更年少时期的“乐”，也是以其周围的境况为条件的。那个时候的乐是他人之乐；而此处的乐则是屏蔽了他人和外部世界、全然沉浸其中的乐。这种沉浸的状态只能靠反写来描述：你说你注意不到在自己和自己的所有物的集合之外发生的事，但要说明这个，你又必须说出你没注意到的到底是什么。

陶渊明《饮酒》组诗第五首中的“结庐在人境，而无车马喧”说的自然也是同一个悖论。你必须说出你没有听到的是什么，才能表达你没听到它的事实。在欧阳脩这里，会被忽略掉的是被夸大也相当夸张的一种存在：“太山在前而不见，疾雷破柱而不惊。”但即便是这样的两种情形也不足以“喻”其乐且适也。“太山在前”的场景是指《庄子·天运》中黄帝在洞庭之野的音乐演奏：

> 北门成问于黄帝曰：“帝张咸池之乐于洞庭之野，吾始闻之惧，复闻之怠，卒闻之而惑；荡荡默默，乃不自得。”

黄帝告诉北门成，听到这种音乐后人预期会有的一些递进式的反应，但哪怕是这样一个引人“惧”“怠”，直至“荡荡默默”的场景，这样一个中国传统中罕有的可谓崇高壮美的场景，也不足以胜过沉浸于探玩古碑帖或对弈中的那种私密之乐。第二个拿来和学人书斋中的消遣之乐做对比的场景就更奇怪了，讲的是黄帝和叛乱的蚩尤大战涿鹿。能把这两个“喻”和欧阳脩之乐联系在一起的，是这些外部事件中所具有的那种迫使人投入注意力和沉浸其中的力量，而能够与之抗衡的，只有欧阳脩自身世界中的那种沉浸的深度。

实际上，欧阳脩的这几样所有物庶几已危为“尤物”了。“尤物”最早是指有倾国倾城之姿容的妖冶女性，但在宋代常被用来指称或实或虚的所有物，它会摄人心魂，让人对除此以外的任何事都不管不顾，陷入毁灭性的境地。人们常会批评说，长此以往，尤物带给人的不是喜乐，而是厌苦。而且我们要知道，这里的“五物”可不像陶渊明的五柳那样是偶然性的存在，它们的确是花钱买来的，收礼得来的，或者像欧阳脩的碑帖那样是亲自搜集来的。

根据欧阳脩关于他沉醉于“五物”中的描述，这“五物”对他亦有掌控力，一如他对它们有掌控力一样。这似乎是一种掌控力之间的平衡，让欧阳脩不仅是这几样物品的拥有者，还被放在与“五物”同一的层面上，成为“六一”：“五物”统御他，他也统御五物；主人亦被主领，这种互为主领的平衡以及它所创造出的隔绝空间构成了老翁欧阳脩对“乐”的理解。

我们几乎用不着欧阳脩继续往下说就能明白，这种在隔绝空间中所获得的“乐”是具有否定意味的；隔绝亦即排他。传主不仅要逃名，也要逃开公务负担及其伴生的焦虑。这是一种在社会整体中寻求自治空间的渴望——并非是要自我隔绝、隐居避世，而是寻求一个新的、具有独特构成的社群。它是承载“夙愿”（长久以来的渴望）的空间，若能蒙皇帝恩准，这个夙愿最终是能够实现的。

这样的夙愿引来了“客”下一个显而易见的反驳，他指出欧阳脩受“五物”的牵累并不会少于他在公务中受到的牵累。

> 客复笑曰：“子知轩裳珪组之累其形，而不知五物之累其心乎？”居士曰：“不然。累于彼者已劳矣，又多忧；累于此者既佚矣，幸无患。吾其何择哉。”于是与客俱起，握手大笑曰：“置之，区区不足较也。”
>
> 已而叹曰：“夫士少而仕，老而休，盖有不待七十者矣。吾素慕之，宜去一也。吾尝用于时矣，而讫无称焉，宜去二也。壮犹如此，今既老且病矣，乃以难强之筋骸贪过分之荣禄，是将违其素志而自食其言，宜去三也。吾负三宜去，虽无五物，其去宜矣，复何道哉！”
>
> 熙宁三年九月七日，六一居士自传。

“客”的这个反驳可以出自当时任何一位思想家之口；苏东坡作于1077年的《宝绘堂记》中就曾有过这种反驳：乐不可系于物，尤其不可系于外物。欧阳脩为心爱之物所累，并不比为仕宦公职所累更高明。欧阳脩以他极具个人特性的方式，用显而易见的经验事实来对抗抽象的道理：冗务累人，而“五物”喜人。但他这里的措辞很有意思：他把他对这些所有物沉醉入迷的欣赏叫作“佚”，这个字可以有贬义，让人联想起“放纵”。它可以是一个表达过分的词，而且常常是表达身体上的过分和不节制，而不是与书、帖、琴、棋、酒这些东西相关联。对于自耽于物的这种行为，欧阳脩或许是感到了些许的不自在；他先说“幸无患”，然后突兀地打断思绪，要结束对谈。如果文中的“客”的确是他臆想出来的，那他这番操作便有些怪异，因为他是在用他自己想象出来的反驳立场让自己感到不自在。

再接下来，欧阳脩基本上就招架不住认输了，他给出了三个致仕的合理化理由。这是调转了评判的方向，从评判物中之乐转向了评判致仕。致仕的第一个理由是他自己的意愿，另外两个理由则诉诸公益。接着，似乎是意识到自己已经离讨论“五物”之乐的原题太远，欧阳脩便说，即便没有这些东西，他也该退休了。从遵循“夙愿”到行所“宜”行的转变是耐人寻味的。而正是在行所“宜”行这里，欧阳脩结束了整篇文章。

即便是面对这样一个臆想出来的旁观者对他的“乐”的质询，可怜的欧阳修也不得不认输，放弃他在沉醉入迷于物中所获得的“乐”、靠致仕之“宜”给自己解围。“客”最开始是在欧阳修的引导下回答他设置好的问题；但“客”的反驳——也即欧阳修自我审视的一种方式——逐渐把作者逼到无所适从的境地，不得不切断话头，做起了自我申辩。他承认自己“放佚”，默认了公共责任对一切私人之乐的质疑，也招来了那种他恰恰想要逃离的负累。

《六一居士传》表面上看是一篇用以释名的“传”，陶渊明的《五柳先生传》即是先例，但在“传”的背后，文中还涉及另一个更为古老的文类：设论。设论中会有一个虚构的与谈人，即“客”，以批评作者行为的姿态出现，以便作者能借此为自己的人生选择辩护——也就是更古老意义上的“apology”（论辩文）。修辞学上的名词叫 procatalepsis（预辩法）。《六一居士传》大部分篇幅都在做这种“设论”，回应着那位从某群像中跳将出来的“客”，这个群像存在于想象当中，随时随地都在视察和评判。

但欧阳修此番“设论”中有一个晦昧的反转。“设论”原本要在作者 / 传主的自证清白中结语的，但《六一居士传》总给人一种挥之不去的感觉：欧阳修似乎并没守住他的立场。他是从“乐”开始讲的，但当他被逼到某个境地时，他笔下的“乐”就变成了一个极度封闭的空间，变成了在诸物中的沉醉入迷。当“客”继续施压，说系于己物所受的羁绊并不比累于公务要少，欧阳脩只能回应说，他喜欢他的这几样东西，它们也并无大患。最后，欧阳脩换了个话题，他不再为“乐”，而是为“宜”寻找合理化的依据；还说他并不需要这五样东西，哪怕他是由于“五物”在侧才得了这个“六一”之名。

他输了，也勉强地认了输。他的五物当中有四样都可以作为私密的享受，或者叫“独乐”，带给他那种他似乎一直念兹在兹的绝佳的隔绝空间。但诸物中有一样是通向外部世界的：有棋一局。这是五物中唯一不能独自享受的东西，下棋就需要一个“客”，一个对手。欧阳脩在内我的世界中想象着社会和同僚对他的检视。他所憧憬的那个可以让他忽略掉一切外部世界的、彻底的隔绝空间，终是落空了。

对于一个已经为王朝服务了终身、过不了几年就会离世的老人来说，在“文物”和酒中消磨享受一下本无可厚非。但1070年的中国正在进入一个新的时代，每说一句话都要面临新的和更严苛的道德标准的评判。欧阳脩在《六一居士传》中表达的那些理念可能招来同时代思想家的指摘，他们会批评他对外物的迷恋，说他“非有道者”。以如此架势来评判一个人的道德本性和操守，而他只不过是兴之所至地欢庆一下退休，在心爱的物事中消遣一下，这显得很怪，有失允当。欧阳脩是实践儒家经学新传统的先行者，是杰出的史学家，是平易流畅风“古文”的创造者，也是举足轻重的政治人物。但这一切都会因为他戏取了一个名号而被矮化。

苏东坡自己也曾经批判过对物的迷恋，但在《书六一居士传后》[2]中，他为老座师做了一番辩护：

> 苏子曰：居士可谓有道者也。或曰：居士非有道者也。有道者无所挟而安，居士之于五物，捐世俗之所争，而拾其所弃者也，乌得为有道乎？苏子曰：不然。挟五物而后安者，惑也；释五物而后安者，又惑也。且物未始能累人也，轩裳圭组且不能为累，而况此五物乎？物之所以能累人者，以吾有之也。吾与物俱不得已而受形于天地之间，其孰能有之？而或者以为己有，得之则喜，丧之则悲。今居士自谓六一，是其身均与五物为一也。不知其有物耶，物有之也？居士与物均为不能有，其孰能置得丧于其间？故曰居士可谓有道者也。虽然，自一观五，居士犹可见也；与五为六，居士不可见也。居士殆将隐矣。

苏东坡是一个总有妙论的天才。“释物而后安”与“挟物而后安”一样都是对物的依赖；在这两种情况下，无论是“有”物还是“无”物，人的“乐”的决定性因素都在于物。苏东坡总是比那些持幼稚且道德化的儒家理念的人要高明，那

---

〔2〕 参见艾朗诺在 *The Problem of Beauty* 一书中的相关讨论，pp. 185-186。

些人认为只有“有”才内含危机。苏东坡明白，正儿八经地宣布对物的放弃，实际上是在强化外物宰人的这种理念。“物之所以能累人者，以吾有之也”——在此前提下，苏东坡巧妙地给出了欧阳脩唯一完美的解决方案：“不知其有物耶，物有之也”，即，在“有物”与“物有之”的不确定中，“有”的问题也就不存在了。然而，即便他有能力对抗幼稚的道德宣教，苏东坡也已然置身于一个将“有道”与否作为评判标准的时代了。

但是，苏东坡身上是有一个难解之题的。在经历过奔徙转任于各地、以死罪遭鞠讯继而被流放至荒僻贬所之后，他将会在一首词中写下“长恨此身非我有”的句子。“非我有”是上文所引《书六一居士传后》中“吾有”的一个变相表达。它是对欧阳脩那句“吾自乞其身于朝者三年矣。一日天子恻然哀之，赐其骸骨”的老生常谈、令人惊异的直白的重述。

被遣往首都参加进士考试的年轻学子们是地方献给中央的一种贡品。他们是地方上的“土产”，或弃或用，都依皇帝的喜好。谈论“此身”为君主所有是他们的一个老生常谈，在苏东坡这里尤其如此，至少他主观上的确是这样认为的。

欧阳脩已经站在一个新世界的临界上。新生的道学所构想的理念化的世界与更广大范围内北宋社会的价值体系间的割裂还不像后来那么彻底。一方面，许多“士大夫”都在搜集和购入价值不菲的物品（他们深知贵重的文物已经开始具有相当高的商业价值）；而另一方面又存在着一套鄙视“有物”的话语体系，在这套话语体系中，唯一合理的“有”是“有道”。很多人是彻头彻尾的虚伪，一边兴冲冲地索物购物，一边又鄙视“有物”这种理念。其他人有的是兴高采烈地索物购物，有的则是真心鄙视“有物”。当社会实际与意识理念发生分裂时，会出现一个问题。欧阳脩处在这种分裂的边界，他坦言他享受自己拥有的东西，这些东西能让他快乐。虽然算不上巨富，但他有的已经不少。他不想再多要，也不想失去已有的。过不了几年他就要辞世了。他离那个新的价值世界已经足够近，近到他会因为自己如此乐在其中地“有物”而感到不安。可不管他有多么清楚地知道自己的“有物”之“有”看上去就是庸俗意义上的“所有权”之“有之”，但他在“物”里得到的那种乐是近乎纯粹而无害的。

述　古

《论语》中说“子不语怪、力、乱、神”（7.20）。夫子不讨论的东西的确很多，不胜枚举，个人的所有权问题就是其中之一。但夫子讨论过的那些议题却可以帮助我们勾勒出道学话语领域的一个大致轮廓。

11 世纪是诸变之端，而在一个不断变化的世界中，变的端倪可能到处都是。这一时期的文人试图维系与历史传统的关联，但结构性的改变已经发生，基底上的裂痕也已经显现。新的、不那么正式的文体样态四处涌现，伴随而来的是对另一话语体系的简化，这个简化的话语体系将那些旧的、成熟的文体纳入其中，以“经典”之名赋予了它们合法性。“跋”是新创立的文体之一，苏东坡在他的一篇跋文《书渊明东方有一士诗后》中写下了这样的名句：“我即渊明，渊明即我也。”[3]可这番关于理想身份的表述只会让我们更加注意到陶渊明和苏轼之间的区别有多大。或许他们最深刻的差异就在于，陶渊明虽然总会追效古人，但他永远不会写“我即某，某即我”这样的句子。变化在短时间内可能难以度量，但如果放在更长的时段内去观察，就立刻能看到异变的深广程度。

无独有偶，欧阳脩也切望着能够全然沉浸于自己与所做之事的密切结合中，这种切望让人想起陶渊明的五柳先生，他在其中的沉醉以及对周遭环境的忽忘：“亲旧知其如此，或置酒而招之。造饮辄尽，期在必醉；既醉而退，曾不吝情去留。”我们最想效仿的人往往就是那个我们永远无法成为的人。

在较长的历史跨度中发生的重大转向将不可避免地带来古今之间的价值冲突，“今”是作家们处于当下的自己，“古”则是他们想象中的古时候的对应者。一个显著的例子是欧阳脩关

---

〔3〕 张志烈、马德富、周裕锴主编：《苏轼全集校注》，河北人民出版社，2010年，第7567页。

于有限性的修辞表述。他给自己起的新名号“六一”表明他有五样东西，言下之意是说他只有这五样东西。但当我们细查这五个“一”时就会发现，它们代表的恰是充裕而不是有限。欧阳脩以“有物”丰足为荣，但又想让自己看上去像陶渊明——一个几乎什么都没有的人。这两者对欧阳脩而言都有真正的价值，且彼此无法调和，唯一通融的办法是通过一个巧妙的名号同时对两种价值做出肯定。欧阳脩也是一样，他一边在逃“名”，一边又如“客”所言，在让自己变得更有名。

尽管在《六一居士传》的末尾欧阳脩不再讲他对五物的迷醉，也不再言“乐”，但由于他构建了这个“拥有”的场景，他已经进入了“子不语”的畛域。这是一篇流传甚广的《传》，它所讲的“有物之乐”给道学家留下了令其不安的遗味。另一位“子”即曾有过如下的评价，这位“子”来自12世纪：

> 六一文有断续不接处，如少了字模样。……《六一居士传》意凡文弱。……问先生所喜者。云：“《丰乐亭记》。”
>
> 朱熹《朱子语类》

2　桃花源的长官

写下《六一居士传》两年之后欧阳脩便去世了，是为1072年。但实际上，欧阳脩在他大部分的写作生涯中都一直在写“乐”。1036年，他被贬到峡州的夷陵，用幽默的笔触描绘了这是怎样一个荒蛮之所：集市太拥挤，连当地长官都不得不下了轿辇、捂着鼻子在腥臭难耐的鱼肆间疾行而过：“虽邦君之过市，必常下乘，掩鼻以疾趋。”但因为当地地方官给他备下了舒适的住处，欧阳脩非但没有领受因失职遭贬而理当领受的悔过之苦，反而过得相当惬意：[1]

> 夫罪戾之人，宜弃恶地，处穷险，使其憔悴忧思，而知自悔咎。今乃赖朱公而得善地，以偷宴安，顽然使忘其有罪之忧，是皆异其所以来之意。

---

〔1〕“某有罪来是邦，朱公与某有旧，且哀其以罪而来，为至县舍，择其厅事之东以作斯堂，度为疏洁高明，而日居之以休其心。堂成，又与宾客偕至而落之。”《欧阳修全集》，第563页；《全宋文》，上海辞书出版社、安徽教育出版社，2006年，第35册，第103—104页。

这是《夷陵县至喜堂记》中的一段话。“至喜”的堂名在语词上对摧折官员、迫其悔过的皇权做出了抵抗。注意此处所用的“宜”字：他“宜”忧思悔咎，这个字表明了欧阳脩应当有的感受和他实际有的感受之间的差别。在晚年，当他被迫在《六一居士传》中放弃“乐”，转而推许合致仕之“宜”的观点时，他用的也是这个“宜”字。我们可以从中体悟到欧阳脩对这个字的讽意。

苏东坡 1074 年作《超然台记》〔2〕时，他脑海中必定有欧阳脩这篇《至喜堂记》的回响：

> 余自钱塘移守胶西，释舟楫之安，而服车马之劳；去雕墙之美，而庇采椽之居；背湖山之观，而行桑麻之野。始至之日，岁比不登，盗贼满野，狱讼充斥，而斋厨索然，日食杞菊。人固疑余之不乐也。处之期年，而貌加丰，发之白者，日以反黑。

但是，虽同为困境之“乐”，欧阳脩和苏东坡之间却有着一个基本差异。对欧阳脩来说，“乐”是需要依附于世间某“物”的，这个物可以是物品，也可以是屋宇或处所。在夷

---

〔2〕《苏轼全集校注》，第 1104 页。另可参见艾朗诺 *The Problem of Beauty,* pp. 179-182；傅君劢（Michael A. Fuller）的 *The Road to East Slope: The Development of Su Shih's Poetic Voice*（Stanford: Stanford University Press, 1990）, pp. 210-212。

陵，这个处所就是地方官给他提供的相对舒适的官舍。而苏东坡在《超然台记》中却说，“乐”全然源自他的内我。

“超然”在这里的意思是抛开那些他一一列举的潜在的事务性忧虑所带来的沉重感。超然台本身并不是他“乐”的缘由，他的乐源自内我，但是将这个台命名为“超然”给了他一个在书写中体味他的“乐”的机会，这就正像欧阳脩在《六一居士传》中说的要“志吾之乐”一样。苏东坡把自己看作当世颜回，“乐”于困顿之中，但他和颜回的不同之处在于，他是唯有困顿之境才能给他带来这种“乐”。

在欧阳脩的《画舫斋记》中，书斋被改造成船的样子，水路行舟的艰险便被转化成了“乐”〔3〕：

> 而乃忘其险阻，犹以舟名其斋，岂真乐于舟居者邪！

但随后他又想，或许舟居真的可以成为“乐”之因由：

> 然予闻古之人，有逃世远去江湖之上终身而不肯反者，其必有所乐也。苟非冒利于险，有罪而不得已，使顺风恬波，傲然枕席之上，一日而千里，则舟之行岂不乐哉！

〔3〕《欧阳修全集》，第568页。

对书斋的建造和命名构成了思考的中心，在这个过程中，忧思不乐未必会转化为乐本身，却能让人明白人为何可以有“乐”。

关于“乐”与“命名”的最有名也最引人入胜的一篇文章，是欧阳脩在11世纪40年代中期做滁州太守时写的《丰乐亭记》。这篇作于1045年的记文是这样开头的：“修既治滁之明年夏，始饮滁水而甘。”[4]众所周知，欧阳脩是个在文风上相当讲究的作家，留意他如何遣词造句总是有好处的。这位天才作手重塑了“古文”文风，将其变得直白平易。他原本直接写“水甘”即可——早在唐代，饮茶的好尚便已催生出了一套品水鉴水的说法。但欧阳脩在这里则把水之甘描绘成了一种体验和发现。因为他是在说“饮而甘”：“甘”通常是个不及物动词，但当它与“饮”搭在一起时就被迫变成了一个及物动词，并有了思酌之意，“饮而（发现其）甘”。这是古代散文的行文特色（唐代被复兴的“古文”也有这种用法），如此便不动声色地赋予了水之甘味一种古意。

起首这几笔文字定下了整篇的主旨：作者将要关注的是那些因为“近”、因为习以为常而被忽略的东西。欧阳脩一发现水是“甘”的便开始寻觅其“源/原”，而此处的“原”偏巧

[4] 《欧阳修全集》，第575页；《全宋文》，第35册，第114—115页。另参见艾朗诺 *The Problem of Beauty*, pp. 40-43。

就真的是个“源（泉）”。于是甘水之“源”就和因熟视而无睹的滁人的乐之“原”联系在了一起。

> 修既治滁之明年夏，始饮滁水而甘，问诸滁人，得于州南百步之近。其上丰山耸然而特立，下则幽谷窈然而深藏，中有清泉滃然而仰出。俯仰左右，顾而乐之。于是疏泉凿石，辟地以为亭，而与滁人往游于其间。

水之源近在咫尺（“得于州南百步之近”）。一般来说，远道而来或是可以行远的东西才比较有价值。最贵重的物品往往来自“远方”；最好的谋划是有“远虑”；影响若重大则必是“深远”的。所有这些都包含一个“远”字。

《论语》第一条就是子曰“有朋自远方来”。但同样在《论语》中，孔门弟子子夏也曾劝人要“近思”，因为这是“仁”的重要组成部分：“子夏曰：‘博学而笃志，切问而近思，仁在其中矣。’”（19.6）近思的确是宋代知识分子的优长，从沈括做自然科学研究到儒家思想家做哲学观察，皆是如此。知识未必要远求才可得，格近身之物、察其如何与自身和广大世界相关联，亦是求知的路径。

尽管近在咫尺，泉并不显而易见；事实上，文中所描述的泉似乎在一个有点远的地方。丰山凌于其上，幽谷居于其下，泉则隐于两者之间的植被中。太守在此地造亭以自娱，亦娱滁州之民。他名副其实地将幽“藏”之物开“辟”了出来。

此处我想就“幽谷”一词多谈几句。这想必是个描述性的地名。它尽可以“窈然而深藏”，欧阳脩却将它公之于众。从下文将要分析的另一篇文章中我们可以得知，这眼泉水就是欧阳脩置菱溪大石、供大家赏玩的地方。假若他放置大石的地方只是随便哪个普通的“幽谷”，那他这么做就很奇怪了（因为他说“弃没于幽远则可惜”）。一切境地——甚至是幽谷这样的“幽”境——都在标注了地名的王朝地图中变得清晰可见，一个以“幽”为名的地方也和其他任何为被命名的“幽”的地方有了差别。

只找到甘泉的水源是不够的，这个地方还得被清理出来，水流及其流向也要被控制起来（就像大禹治水一样），另外还必须造一个建筑，再给它起个名字。于是，“幽”“藏”之境的一部分就进入了处处是地名的王朝版图，从而被“化”了（civilized）。

欧阳脩给亭子取的名字包含两个部分：一是泉水所在的丰山之“丰”，亦指滁州人所享的丰收之“丰”；二是“乐”，当指欧阳脩和滁人游亭之乐。野性的自然被扫除了，山泉也不再难以触及。通过写作，太守为滁人打开了甘泉之“源”和乐之“源”。

甘泉之源有待被寻见，滁人之乐亦须被开掘，但后者可比简单找一眼泉水复杂多了。这要留待太守欧阳脩来阐明。当他出了城，来到隐于自然之境中的山泉时，他的论述也转向了同样隐于自然之境中的历史：

> 滁于五代干戈之际，用武之地也。昔太祖皇帝尝以周师破李景兵十五万于清流山下，生擒其将皇甫晖、姚凤于滁东门之外[5]，遂以平滁。修尝考其山川，按其图记，升高以望清流之关，欲求晖、凤就擒之所，而故老皆无在者。盖天下之平久矣。自唐失其政，海内分裂，豪杰并起而争，所在为敌国者，何可胜数！及宋受天命，圣人出而四海一。向之凭恃险阻，刬削消磨，百年之间，漠然徒见山高而水清。欲问其事，而遗老尽矣。

话题和注意力的转移是很有意思的，传统的古文评论家也总会在这些地方留意。从这些地方可以看出一个人思维联动的方式。[6]突然之间，我们的注意力被导向了环滁的山水——清流山，以及五代末在此地发生的战乱，继而又转向了滁州的东门，当时还是后周将领的艺祖曾在这里擒获了南唐的两位将军皇甫晖和姚凤。随后，我们意识到欧阳脩是在求"源"，本州乐之"源"，正如他寻求甘水之源一样。触手可得之"近"将

〔5〕 宋太祖赵匡胤曾为后周将领。

〔6〕 如林云铭在《古文析义》（台北广文书局 1976 年影印本）中有评论："忽就滁州想出原是用武之地。"

人引至“远”处。但和追寻甘水之源不同的是，当他起身去探寻这个乐之“源”时，却发现无迹可寻。欧阳脩感到惊异：何以才一百年的光景，这些英雄成就业绩的地方就已荡然无存，连关于它们的记忆都在当地完全消逝了。历史没有在山水的自然之美中留下丝毫印记。

今滁介于江、淮之间，舟车商贾、四方宾客之所不至，民生不见外事，而安于畎亩衣食，以乐生送死。而孰知上之功德，休养生息，涵煦百年之深也。

于是我们就看到了滁州的一个独特之处：恰是因为此地之幽闭，滁人过着一种安乐自得的生活；而在另一个场景中，幽闭的地理环境（“险阻”）又将它变成了一个兵家相争之地。人们安居此地，意识不到，也因为历史记忆的缺失而无法认识到他们的“乐”是仰赖于王朝的太平而存在的。当他发现了隐藏于林木之下的山泉或“源 / 原”时，他也将被湮埋的历史和滁人今日之乐的“源”公之于众。

修之来此，乐其地僻而事简，又爱其俗之安闲。既得斯泉于山谷之间，乃日与滁人仰而望山，俯而听泉，掇幽芳而荫乔木，风霜冰雪，刻露清秀，四时之景，无不可爱。又幸其民乐其岁物之丰成，而喜与予游也。因为本其山川，道其风俗之美，使民知所以安此丰年之乐者，幸生无事之时也。

夫宣上恩德，以与民共乐，刺史之事也。遂书以名其亭焉。庆历丙戌六月日，右正言、知制诰、知滁州军州事欧阳修记。

然后我们就又回到了欧阳脩之“乐”，此时他是“乐”在民之质朴与事之清简中。这篇记的目的，变成了让民众明白他们的安乐是由何而来、造就了这种安乐的大环境是什么。尽管此地“无事”，知州没有要解决的常务问题，他的工作便变成了“以与民共乐”这样一种独特的呼应孟子的方式来彰显皇恩。

这是一种同与知州一起游亭之乐迥然不同的乐，它也不同于隔绝于世、懵然自足于近身之物的那种乐。此一终极版本的乐包含了对何以有乐的知晓，你知道乐是偶然的，知道它是从战乱和痛苦中艰难赢得的，从而也意味着它是易逝的。这位太守是外来的，他不是本地人，他知道已经被本地人遗忘的那些事。他要做的“事”便是把这些外面的知识带进来，给当地人的安乐投下一道阴影，好让他们更加珍惜这种乐，并对除此以外不来干涉他们的王朝感恩戴德。

当周文王“与民偕乐”时，哪怕他得通过与人分享才能感受到乐，他的乐和滁人天真懵懂的乐属于同一种乐。欧阳脩知道他的乐却是另外一种；而乐其实是有等级的，乐的等级和社会等级相对应。人所处的社会等级越高，对乐的自觉意识就越强。

对欧阳脩而言，“乐”的场景具有一个明确的形态：乐的等级都呈现出同心圆的样子。他会指定某个地点，给它命名，然后占据其中心；其他人则环而绕之，由他来欣赏自己居于中心的地位。他对某处的命名即是对自己声名的成就。最微小的一个同心圆就恰如“六一居士”之号所表现的，他被自己的“五物”围拢在中间，再把自己（即他的“号”）加进这个集合，成为第六个一。在滁州，他被群山环绕，又给“丰乐亭”或“醉翁亭”这样的景点取了名字，然后在此处被安乐的百姓和他从菱溪带回来的石头簇拥着。山的外面是他所在的王朝，王朝中有他的朋友，他的诗文就在这些朋友圈子中散布流传。蔡襄（1012—1067）、苏舜钦（1008—1049）和梅尧臣（1002—1060）都有对《丰乐亭记》的唱和诗文。近在滁州的还有仰慕他的弟子曾巩，曾巩给另外一座亭子写过一篇记，在其中欧阳脩仍然处于中心的位置。

曾巩这篇记从各个方面体现出一个为人弟子者的口吻。该文作于1047年，是关于丰乐亭之后所建的醒心亭的。〔7〕造这个亭子的目的，是为了让那些在丰乐亭里酣醉的人清醒过来。因为这篇记，曾巩“得以文词托名于公文之次”。

---

〔7〕 陈杏珍、晁继周：《曾巩集》，中华书局，1984年，第276页。

滁州之西南，泉水之涯，欧阳公作州之二年，构亭曰“丰乐”，自为记以见其名之意。既又直丰乐之东几百步，得山之高，构亭曰“醒心”，使巩记之。

凡公与州之宾客者游焉，则必即丰乐以饮。或醉且劳矣，则必即醒心而望。以见夫群山之相环，云烟之相滋，旷野之无穷，草树众而泉石嘉，使目新乎其所睹，耳新乎其所闻，则其心洒然而醒，更欲久而忘归也。故即其所以然而为名，取韩子退之《北湖》之诗云。[8]噫！其可谓善取乐于山泉之间，而名之以见其实，又善者矣。

虽然，公之乐，吾能言之。吾君优游而无为于上，吾民给足而无憾于下，天下学者皆为材且良，夷狄鸟兽草木之生者皆得其宜，公乐也。一山之隅，一泉之旁，岂公乐哉？乃公所以寄意于此也。若公之贤，韩子殁数百年，而始有之。今同游之宾客，尚未知公之难遇也。后百千年，有慕公之为人，而览公之迹，思欲见之，有不可及之叹，然后知公之难遇也。则凡同游于此者，其可不喜且幸欤？而巩也，又得以文词托名于公文之次，其又不喜且幸欤！庆历七年八月十五日记。

曾巩《醒心亭记》

---

〔8〕 韩诗云“应留醒心处，准拟醉时来”。钱仲联：《韩昌黎诗系年集释》，上海古籍出版社，1984年，第892页。

作为弟子的曾巩也充当了老师心意的笺释者："公之乐，吾能言之。"曾巩的意思无疑是说，欧阳脩之乐不在于眼前的情形，而在于呈现在山川景象中的国之安泰。这位乐陶陶、醉醺醺的州官却选择正襟危坐地给一个亭子取名"醒心亭"，这里面几乎带了某种讽意的幽默。

曾巩的笺释对欧阳脩的自述做了一番有趣的扭曲。据欧阳脩自己所说，国家太平是乐的前提而不是乐的对象。这二者之间存在着微妙但深刻的差异。曾巩明确否认欧阳脩是在山川景象和游览中找到了乐（一山之隅，一泉之旁，岂公乐哉？）。欧阳脩自己却从未这么说过；对他而言，风景和览胜的确是乐之所在；只不过他会承认说，这种在风景和览胜中的乐只有在国家太平的情况下才可能实现。而在曾巩看来，此时此地之乐不过是"乐道"的一种具体体现。曾巩所说的乐，其对象在本质上是抽象的，关于这一点，表现最明显的或许就是他阐释欧阳脩之乐的最后一句："夷狄鸟兽草木之生者皆得其宜，公乐也。"自然界对人类的苦难和政事的成败往往是无动于衷的，这是中国诗人常有的一种允当的观察。曾巩最后加的这句话至关重要，它是把自然界仅仅当成道的另一个具象化的体现。这里有一点是我们无法忽视的：欧阳脩自己在"乐"和"宜"之间做了明确的区分，曾巩在他的笺释中却说欧公的"乐"是"宜"的一个结果。这二者之间实际上存在着重大分野。在《醉翁亭记》中，幽默的经验主义者欧阳脩曾对人类和自然的关系做过一个相当不同的阐述："游人去而禽鸟乐也。"他一方面会说王朝安泰是民众之乐的一个必要条件，但在另一方面他也明白，禽鸟并不关心民众和他们的王朝，它们只想不被打扰。

在陶渊明的《桃花源记》中，某个渔人发现了一座村庄，村里人的祖先五百年前为避秦末战乱而逃亡至此。这期间他们对村外的世界及其历史一无所知。桃花源在中国文化中具有强大的诱惑力，因为它构想出了一个没有国家的社会空间，它处于王朝辖域之外，自给自足。它是大一统王朝中的一个洞。村名"桃花源"本身就得名于缘溪而生的桃花林所留下的"迹"，而正是这些"迹"让外界发现了它。

欧阳脩是本文中的"桃花源的长官"。所谓"环滁皆山"，正如桃花源为山所环绕，与世隔绝。滁州鲜有外人造访；隐约具有乌托邦的性质，而且滁人似乎也和桃花源村的村民一样，对历史和外界发生的事不甚知晓。在《桃花源记》中，渔人告诉了村民自秦以降的历代史事；在《丰乐亭记》中，欧阳脩也提醒了滁人他们对历史的遗忘——仅仅在一百年前，此地周边还发生过战事和暴乱。但借此他也就提醒了滁人，他们的安乐仰赖于国家的太平。渔人一旦离了桃花源，他就再也找不到它了，那个村子仍存在于王朝之外。欧阳脩则是王朝外派过来的一个代表，他下令在州衙附近修造官府的建筑，将建筑的名字、修造日期以及官民同乐的这些处所都铭以记之，借此把历史和等级概念教授给当地人，让他们变成一个大整体中的一小部分。如果滁人的满意知足是不依赖于任何他者的，那王朝的存在对他们来说就没有必要。但通过提醒他们那段被忘却的暴乱的历史，这种满意知足就成了王朝的恩赐，太守的与民同乐也成了对王朝纲纪的欢庆，并在一个原本对权力等级无知无觉的世界中重新镌刻进了等级体系。

欧阳脩在这一阶段留下的最著名的篇章当属作于《丰乐亭记》次年，即1046年的《醉翁亭记》。[9]同样的问题在这篇文章中以一种新的面目呈现出来。《醉翁亭记》的主题仍然是权力等级，这种等级与知识的等级相关，进而与乐的等级也相关。[10]而这一切又都与身份及命名的权威性相关。

> 环滁皆山也。其西南诸峰，林壑尤美。望之蔚然而深秀者，琅邪也。山行六七里，渐闻水声潺潺，而泻出于两峰之间者，让（酿）泉也。峰回路转，有亭翼然临于泉上者，醉翁亭也。作亭者谁？山之僧曰智仙也。名之者谁？太守自谓也。

这篇记文的文风独特，作为名篇名副其实，但值得思考的

〔9〕《欧阳修全集》，第576页。
〔10〕《全宋文》，第35册，第115—116页。

一个问题是文中反复使用**系动词**（“……者，……也”）究竟用意何在。“……者，……也”的表述是一种权威的声音，它指定一个地方，然后为其命名。文章起首第一段就聚焦于山川景物中的某一处，将其单独点出来，给它命名，而这个被命名的景点最后又将太守命名为有权为他者命名的人。《醉翁亭记》全篇的收尾也是收在名上：点了作者之名，也点明了太守即是欧阳脩。但这并不是像一般记文都有的那种简单的惯例性署名，而是在说，在整个滁州的风物和民众中，唯有此人能作这样的文章，而他之所以有这个能力，是因为他是外部世界派驻此地的代表。他既处于诸物中心、集所有关注于一身，同时又具有一种外部视角，能看到自己居于此间诸物的中心。正如皇帝是居于王朝这个圈层的中心，这些边缘地带的州县也是一个个的小圈层，居于诸小圈层中心的是更大的那个整体世界的代表，各人“各居其所”。

我们应该仔细探究一下这个主题是如何在欧阳脩的行文中展开的。在《丰乐亭记》中，通过对隐藏之“原 / 源”的发现，滁州成为众乐之地。《醉翁亭记》更加戏剧性地聚焦于隐于林壑中的一个点。欧阳脩的运镜从滁州本身宏大的视角开始，周围是群山环绕的全景，接着景象集中于全景图的四分之一处，再聚焦隐于翠微中的一个点。我们先是循着溪流的水声，然后顺着溪流一下就进入了那个点、那个幽隐之地，被引到了滁人乐游的亭子。如果说我们能从这一被戏剧化地掌控的视觉运动中领悟到什么的话，那就是，这个具体的地点——即“乐”的场景——是被包含在一个更广大的世界当中的。正如他在《丰乐亭记》中寻找甘泉的源头一样，欧阳脩在此处也是循着水声找到了泉，再由泉及亭，亭子已经造好了，只等着他来命名。

泉水已经有了一个名字，叫酿泉。泉引出了亭子，亭子最先由本地一个僧人赋予了身份。而接下来太守不但自认了亭子的命名权，还以自己的名字（他的假名）为亭子命名——亦有可能是他把亭名拿来做了自己的名号。文中的言说者所提出的问题最终又引回到了自己身上，他自己就是答案，而这个过程就在他居于舞台中心的一个场景中展开。亭子有了新名，这个名字和酿泉的名字一起，巩固了有关源与果的王朝秩序：酿泉的水酿成了酒，酒让太守醉了。而太守成了命名者。

“造”亭的僧人几乎不可能是自己亲手造了亭子；他是让人造了亭子。除非他是个木匠和尚，否则他用以建亭的资源多半来自布施。很难说这些布施是全然出于祈福或敬畏之心而“自愿”做出的捐赠，但至少比向朝廷纳税和服徭役的自愿成分多一些。佛寺（僧伽）的财产被国家象征性地挪用了，以此为戏剧舞台，上演了一幕引人共鸣的德政古戏。在下文中我们还会看到，欧阳脩挪用了菱溪的最后几块石头，用的也是同样一种为公益而行的权威。

我们不妨对“名之者谁？太守自谓也”这段话多做些分

析。第二句可以有两种理解方式：一是“太守这样称呼自己”（这个解释并未回应“名之者谁”的问题，除非我们把“名之者谁”理解为“谁以自己给这个亭子命了名”）；二是“太守本人这样称呼它”。两种解释都貌似有理。这和“六一居士”的命名法一样，都是将“自我命名”扩大化，延展至周围的事物。此外，“谓”字是不确指的，而“名”是确指的，这就由不确指的“谓”转变成了确指的“名”。是名字就要有个来历，“醉翁”的“醉”是得名于一个醉酒的场景，叫“翁”是因为他是在场者中最为年长的人。但身为某群人中最年长者并不意味着他就该被称为“翁”，而且我们很快就会发现，“醉”这个字用得也有问题。

> 太守与客来饮于此，饮少辄醉，而年又最高，故自号曰醉翁也。醉翁之意不在酒，在乎山水之间也。山水之乐，得之心而寓之酒也。

五柳先生理所当然地再次出现在背景音中：“造饮辄尽，期在必醉，既醉而退。”而“醉翁”的酒量却差得多：“饮少辄醉。”但宋代出现的这些新名字都是相对而言的或有比喻性的，即命名往往不是“正名”（给一个正确的名字），而是取一个另有所指的名字。醉翁叫“翁”只是因为他是最年长的，但“翁”字的本义并非如此。而“醉”甚至都不是“醉”，是一个被替换的能指："醉翁之意不在酒，在乎山水之间也。山水之乐，得之心而寓之酒也。"这是一个典型的宋代处理方式：醉酒于德行有亏，欧阳修迫于此便要解释说他意不在酒而在山水。哪怕是寄情山水也有可能被质疑，我们在前文中提到过，曾巩就曾否认欧阳修的山水之乐，说欧阳修真正在意的不是山水，而是德政所带来的环境氛围。

另外需要说明的一点是，五柳先生的"意"的确是在于酒本身。对陶渊明而言，那不是一个能指的世界，而是一种饮酒的渴望，如果说这种渴望有什么更大更深的意义的话，这个意义是在饮者那里的。正如"名"是由太守自谓之名转成了亭名，这里太守的"意"也从山水之间转到了酒里。从山水空间到乐的转换是经历了一个过程的，在这个过程中，欧阳修借助语言修辞将自己置于山水之间（"在乎山水之间也"），后来他作为六一居士又用同样的方式将自己置于给他带来乐的五物当中。经历这一转换过程的乐，首先是得于心，然后是"寓"（同时也是"喻"）于酒。酒不是乐的手段，而是乐的比喻性的外在表达。

如果比较一下陶渊明的世界和欧阳修的世界，我们会发现二者之间存在着惊人的差异。在陶渊明那里，他所居处的物理世界差不多就是它看上去的那个样子。陶渊明在落日中望着山上的雾气，就发现了"真意"：

山气日夕佳，飞鸟相与还。
此中有真意，欲辨已忘言。

陶渊明的“真意”是在物理世界的本界中体验到的，而不是由观者的意念“寄寓”其中的。在欧阳脩那里，被命名和描述的物理世界的景象并不全然是一个物的世界，而是一个需要被阐释的能指的世界。而意义却并不确凿，因为不断有新的阐释产生。欧阳脩这里是在说“山水之乐”，但到了文末他又说他是乐在他者的乐中（“太守之乐其乐也”）。

若夫日出而林霏开，云归而岩穴暝，晦明变化者，山间之朝暮也。野芳发而幽香，佳木秀而繁阴，风霜高洁，水落而石出者，山间之四时也。朝而往，暮而归，四时之景不同，而乐亦无穷也。

陶渊明的桃花源是个世外田园，这个地方只知道昼夜和四季的周期性更替；它不存在于历史当中，不按王朝的纪年过活，也不以君主的年号度量时间。欧阳脩想在王朝辖域之内将滁州变为一个世外田园，他在文末略去了既体现自然周期性时间又表征国家线性时间的年号纪年日期。如果说在《丰乐亭记》中，欧阳脩是要提醒人们记起那段被遗忘的动荡混乱的历史的话，那么在《醉翁亭记》中，他则任由历史被人们忘在脑后，而要去唤起一种贯穿于日复一日、季复一季的周期性更替中的恒常之乐。在这篇记文中，唯有乐是永新的，仿佛整个滁州都在过一个永不落幕的节日。

> 至于负者歌于途，行者休于树，前者呼，后者应，伛偻提携，往来而不绝者，滁人游也。临溪而渔，溪深而鱼肥，酿泉为酒，泉香而酒洌，山肴野蔌，杂然而前陈者，太守宴也。宴酣之乐，非丝非竹，射者中，弈者胜，觥筹交错，起坐而喧哗者，众宾欢也。[11]苍颜白发，颓然乎其间者，太守醉也。

我们看到人们前呼后拥地涌向亭子，欢歌笑语，躬身负重，拿着大包小包的随行物品上到这里来。这个时候，欧阳脩给这一混杂的物类人群做了等级划分：禽鸟，“民众”，太守。他反复提及“太守”，次数多到让我们不由得去想这种表述对那个更大的王朝以及居于其中心的帝王来说意味着什么。民众因太守而乐、与太守同乐，这是德政的彰显。这种乐会成为太守的政绩，正如天下太平是帝王的功业一样。

> 已而夕阳在山，人影散乱，太守归而宾客从也。树林

---

〔11〕玩饮酒游戏时，输了的人要“罚酒”一杯。

阴翳，鸣声上下，游人去而禽鸟乐也。然而禽鸟知山林之乐，而不知人之乐；人知从太守游而乐，而不知太守之乐其乐也。醉能同其乐，醒能述以文者，太守也。太守谓谁？庐陵欧阳修也。

文末这段关于品类等级的话很有名，它同时也是在讲乐的等级。处在最底层的禽鸟，人走了它们才会有乐，它们无法理解也不能分享人的乐——的确，只有在不受人类打扰的时候，禽鸟的乐才是圆满的。处在等级第二层的是民众，他们结伴而来，享受了一段不错的时光，但他们理解不了太守“乐其乐”的乐。这段表述透露出浓重的儒家政教意味，呼应着孟子就《诗经·灵台》所发的议论：“古之人与民偕乐，故能乐也。”不过，即便孟子之言为欧阳脩的此番表述提供了背景，但“偕乐”毕竟不同于“乐其乐”，后者要复杂得多。

最后出现的是那个终极的命名：“醉翁”在这里变成了“太守”，而太守最后自报了姓名欧阳脩。以第三人称称呼自己并不罕见，但这篇记文从头到尾都在用第三人称指涉自己，似乎是在某种终极的心理代入中，他（即“我”）在别人的乐中找见了自己的乐，而“我”又在他乐他人之乐的形象中找见了他的乐。此处的欧阳脩并非“欧阳脩”本人，而是“太守”，一个在王朝等级序列中的位份。一旦退休，他就会与他毕生托身的官阶体系脱离，不再具有官阶中的自我定位，无怪乎他要像我们在《六一居士传》中看到的那样，创建一个新的“物”的体系，并在其间定义自己。

说回到欧阳脩的“乐其乐”，我们再来探讨一首由他的同时代人所作的系年不详的诗。这位同代诗人也对乐的问题着迷，且着迷程度不亚于欧阳脩。这个人就是邵雍，要讨论的这首诗题为《无苦吟》：〔12〕

平生无苦吟，书翰不求深。
行笔因调性，成诗为写心。
诗扬心造化，笔发性园林。
所乐乐吾乐，乐而安有淫。

这是一种高度自知自觉的乐，他得知道自己是乐的才能乐得起来；而且不光如此，这种乐本身不在于一手的原初经验，而在于二手的反思经验。邵雍的意思似乎是，比较直接的乐有“淫”（过度）之嫌，只有自知和自觉所带来的距离感才能保护人免于失控。邵雍之乐与欧阳脩的“乐其乐”形成了令人惊异的对照和反差。

这一时期的文本之间彼此常有呼应，也有对此前不久的文

〔12〕《全宋诗》，北京大学出版社，1991 年，第 4637 页。关于邵庸写乐的诗，参见杨晓山 *Metamorphosis of the Private Sphere*, pp. 202-205。

本的回应。当爱戴他的滁人围拢在欧阳脩身边时，他的记文也正在一个更广大的世界中流传；他的友人，无论长幼，都发来了唱和的诗文，这些诗文也围拢着他，颂赞庆贺他的乐。苏东坡是另一位钦戴他的晚辈；我们在前文中提到过，当老去的欧阳脩受人指摘时，苏轼曾为他辩护。但苏东坡也是争胜心相当强的一个人。11 世纪 40 年代中期，欧阳脩曾在山区任职，主政滁州；1061 年，进士及第不久的二十六岁的苏东坡接受了他的第一份职务，赴干旱的陕西扶风任签书判官。在他作于 1062 年的《喜雨亭记》中，他忆起了《丰乐亭记》的作者，或许还温和地调侃了他。这篇文章所记之事同样也是因水的问题而起。〔13〕

亭以雨名，志喜也。古者有喜，则以名物，示不忘也。周公得禾，以名其书；汉武得鼎，以名其年；叔孙胜狄，以名其子。喜之大小不齐，其示不忘一也。

余至扶风之明年，始治官舍，为亭于堂之北，而凿池其南，引流种树，以为休息之所。是岁之春，雨麦于岐山之阳，其占为有年。既而弥月不雨，民方以为忧。越三月乙卯，乃雨，甲子又雨，民以为未足。丁卯，大雨，三日乃止。官吏相与庆于庭，商贾相与歌于市，农夫相与抃于

〔13〕《苏轼全集校注》，第 1095 页。

野，忧者以乐，病者以愈，而吾亭适成。

于是举酒于亭上以属客，而告之曰："五日不雨，可乎？"曰："五日不雨，则无麦。""十日不雨，可乎？"曰："十日不雨，则无禾。"无麦无禾，岁且荐饥，狱讼繁兴，而盗贼滋炽，则吾与二三子，虽欲优游以乐于此亭，其可得耶！今天不遗斯民，始旱而赐之以雨，使吾与二三子，得相与优游而乐于此亭者，皆雨之赐也。其又可忘耶？

既以名亭，又从而歌之，曰："使天而雨珠，寒者不得以为襦。使天而雨玉，饥者不得以为粟。一雨三日，繄谁之力。民曰太守，太守不有。归之天子，天子曰不然。归之造物，造物不自以为功。归之太空，太空冥冥。不可得而名，吾以名吾亭。"

和人人都乐呵呵的福地滁州不同，扶风人曾为干旱忧心了很长一段时间，但后来天降霖雨把忧变成了乐——而喜雨亭也正在此时竣工了。

如果这里换作欧阳脩的话，他会"喜其喜"。但在欧阳脩被呈现为为公众谋福利的行为，在苏东坡却成了谋私。但苏东坡并非一本正经地在讲论谋私，而是付之以笑谈。他把雨完全看作给他个人带来好处的东西。他想和友人"优游以乐于此亭"。如果干旱持续，发生饥荒，就会出现社会动荡、盗贼猖獗等各种让官员头疼的问题。这样一来，他和他的友人就没法优哉游哉地玩乐了。苏东坡所期待的悠游是拜雨所赐，于是他志之以“喜雨亭”之名。

比起欧阳脩，苏东坡主要的一个带有玩笑意味的扭转是在责任的问题上。对欧阳脩来说，乐是伴随着王朝建立及其长久的太平和德政而来的，而他自己是这一切的代言人。苏东坡则用了“赐”这个用于描述皇恩的字。雨首先是天赐的礼物：“今天不遗斯民，始旱而赐之以雨。”其次，雨也是自己把自己赐给苏东坡及其友人的礼物：“使吾与二三子，得相与优游而乐于此亭者，皆雨之赐也。”

一用到“赐”这个字，就必定存在一个需要被感谢的赐予者。雨究竟是拜谁所赐，这个问题没有确定的答案，这种不确定性引来了一番苏东坡式的幽默的思忖，并以一首诙谐的小调来寻找那个施动者。因为用了“赐”字，就必须得有感谢，但没有人知道应该感谢谁。地方官可以作为首选，而且也是个显而易见的选择。欧阳脩的几篇滁州记文都在暗示说太守是滁人之乐最直接的施恩者，但他还是把这份功劳归与了王朝和皇帝。而在《喜雨亭记》中，先是太守拒绝居功，然后是天子，再是造物者（始动者），最后甚至都推到了太虚这里，而太虚是无言缄默、无法参透也无人识晓的。有了好事却没人居功，我们不禁莞尔。这是一个偶然的世界，乐时有时无。

还有一个小细节值得注意：苏东坡说了一句欧阳脩没说的话：“吾以名吾亭。”苏东坡把这个亭子叫作“吾亭”。

在唐代，文人不大写乐——尤其是在散文中。白居易（772— 846）也许是个例外，但他通常被认为是“开宋调”之人，他作为宋调先声的身份尚未被充分估量。而且置之于更大的图景中来看，“适”对白居易而言是比“乐”更常出现的一个议题。在唐代以前，讨论到乐，陶渊明的确是个核心人物，因此他常常在相关诗文的背景中浮现。但到了 11 世纪，有几代文人开始大量写乐，写乐的缘由。

我们通常把它们当作单篇来读，当作“宋文”典范来读，但它们在很大程度上都属于一个文本“家族”。这些文章在某一群体中流传，彼此呼应，有评判有辩解，相互打趣，以相当明显的改写的方式重复着母文本，对某些词汇做出微妙但意义重大的改换。“乐”也是新生道学中一个不小的议题，尤其是在哲学家邵雍的诗里。这些人潜心钻研的儒家群经中有很多地方都讨论到了乐，但总是倾向于做哲学思考的儒家思想家的乐。和那些更加文人化的，也更深地介入社会和公共世界中的学者所说的乐，不是一种乐。

我们知道，苏东坡在《喜雨亭记》中说的话有玩笑的意味，但要充分领悟和欣赏他的这番玩笑话，就要去想一想欧阳脩做滁州太守时所写的那两篇名文。在儒家比较古老的传统中（即仍以言语来施行某种仪式的时候），救活了庄稼的雨往往被视为上天对仁政的回应。因此，所有参与到这出解读天气的政治戏码中的演员都理应得到感谢。但苏东坡却一哂，那意思就是，“谁知道呢，雨下就下了”。

我们无法完全复原那个纵横交错的关系和文本流通的网络，但有足够的证据表明，有一种力量在导引着这些文本的生产（而且毫无疑问，这种力量也在鼓动人们建造亭子，以便制造命名的机会，给创作新文本提供机缘）。或许有一种更好的阅读宋代文学的方式：不是在单篇文本中阅读宋代文学，也不是在某个作家的“生平时代”中阅读宋代文学，而是在文本流通的网络中阅读宋代文学。在这样一个网络中，作家们支蔓出的风格品性和他们生命中的变化轨迹都将明明白白地显现出来。

3 缺席的石头

在一种文化的某一特定时刻，可以问的既有“活问题”，也有“死问题”。死问题是有答案的——有时候还会有好几个答案——但有了答案的死问题就会消失在它的答案背后。然而，活问题的问题本身总会不断重现。围绕着活问题会产生出文学和思想，但哪怕是最智性最出彩的答案也无法阻止活问题回归重现。

只要对某一文本足够留心，你就能看出它里面有没有活问题。哪怕作者存心想要写得直白简单，他也会受到某种力量的阻挠，说出一些出人意料的怪异的话，他的论点会有出人意料的转折，他也有可能索性切断话头、转移话题。有时候，作者会试图证明为什么这种怪异感其实并不怪。还有些时候，这种怪异感会让人怀疑作者是不是在展示幽默。作者是不是真的在展示幽默，这一点我们往往无法确知，但幽默的确常常出现在活问题的周围，因为这里有无法解决的矛盾。所有这些都是活问题存在的标志，有活问题的地方，问题总是大于任何可能性的答案。容我举一例说明。

假设一位作者在一篇散文的开头这样写道："菱溪之石有六。"我们很快就会意识到这个说法有问题：六块石头中的五块已经被移走了，不在菱溪；失踪的五块石头中有一块在附近，但其他四块不知所终，连石头爱好者也不知道它们被运到了哪里。最后一块石头，因为太大太难挪动，"僵卧"在原地，"僵卧"一词用得好像这块石头也不在它"宜在"的地方似的，算不得"菱溪六石"之一。在这篇散文的结尾，作者告诉我们他自己带走了那最后一块卧石，连带着也带走了另一块人们以为失踪的石头，他知道它就在附近的某个地方。从文章中间的部分我们进一步得知，菱溪这个名字可能也是错的，菱溪是新近才有的名字，这条溪水之前据说叫"荇溪"；但我们不知道作者的消息来源是否可靠，作者欧阳脩本人也不知道。我们甚至不能完全肯定这些石头是原本就在溪水那里的还是为了造园子被运过来的。这篇文章花了相当大的篇幅讨论这些大半已经失踪的石头的归属问题，说它们原本是10世纪前后一位吴国将军刘金宅邸中的私产；但后来，另一篇后出的文本中的说法却与此相牴牾，说"六石"根本不曾归属刘金，而是属于这个别业下一任的主人，南唐的冯延鲁。

传说中六石原来的主人刘金，后来把这些石头据为己有的收藏家，再加上以不言自明的太守权威搬走最后一块大石，又拿走当地民家所藏的另一块小石的欧阳脩——因为有了这些人，对石头的爱赏便与所有权问题发生了关联。欧阳脩对最后那块石头的占有与一般收藏家的行径并无二致，这让他感到不安。这种不安最终导致他做出了一番有关“公益信托”的探讨：让某物归为公有，谁都能（至少所有官府中人都能）来参观欣赏，但谁也不能据为私有。

我们讨论的这篇文章就是欧阳脩作于1046年的《菱溪石记》，同样是在滁州任上。[1]开篇第一句是“菱溪之石有六”。但这不可能是真的：滁州是山区，菱溪肯定到处都是石头，大石头也不少。或许是有六块石头比较有名，但到了欧阳脩造访的时候，六块中只剩下一块还在原地。那么话说回来，若当时只有一块僵卧偃仆而且还时不时没于水中的石头，欧阳脩又怎么知道这就是“六石”之一呢？“六石”显然是个本地传说，得有人告诉欧阳脩他才能知道时常隐没在溪水中的那块石头就是有名的“六石”中的一块。但当地人又从何而知呢？王朝派来的代表想要给下一任刺史留下一部翔实可靠的地方志，而这地方志同样也是为了王朝而作：在王朝的舆图资料中，此地的“地方性”就将系于那最后一块名石。但相关资料又并不确凿，让这位王朝代表、现任刺史颇感为难。

〔1〕《欧阳修全集》，第578页；《全宋文》，第35册，第117—118页。亦可参见杨晓山，*Metamorphasis of the Private Sphere*, pp. 139-141；艾朗诺，*The Literary Works of Ou-yang Hsiu (1007-72)*, pp. 41-42。

菱溪之石有六：其四为人取去；其一差小而尤奇，亦藏民家；其最大者偃然僵卧于溪侧，以其难徙，故得独存。每岁寒霜落，水涸而石出，溪旁人见其可怪，往往祀以为神。

欧阳脩不会将溪石据为私有，但他和之前那些把六石中的五石都拿走的藏石家其实没有本质区别。正如他在《集古录目序》中开宗明义所写的那样，“物常聚于所好，而常得于有力之强”，作为本地刺史，他就是那位“有力之强”者。这种强力不但让他有办法移走最大的那块别人都移不走的“难徙”巨石，还让他有权拿走藏于民家的那块小一点的奇石。如果说当地民众常把那块巨石“祀以为神”，刺史则有权把它移到他的丰乐亭去，给滁州当地士绅作珍品赏玩。借由某地刺史之手，或是借由徽宗那样的皇帝之手，王朝在汇聚它的珍宝；徽宗要把天下所有的奇石都集齐放在他的御花园，最终却失去了一切——他的石头，他的花园，他的王朝，乃至他的身家性命。

众所周知，有“散”才有“聚”。五代时期吴国的将领刘金曾经拥有那样的强力，入手了这些石头并将它们聚在一处。刘金一死，他的宅邸不消说易主南唐，原先所聚之物也随之散佚。其他人各凭手段拿走了那些石头。在这里，决定财产聚散的不是既定的权利意识，而是权力——政治的、社会的，抑或道德的权力。

> 菱溪，按图与经皆不载。唐会昌中，刺史李渍为《荇溪记》，云水出永阳岭，西经皇道山下。以地求之，今无所谓荇溪者，询于滁州人，曰此溪是也。杨行密有淮南，淮人为讳其嫌名，以荇为菱，理或然也。

欧阳脩做了一个好的地方官该做的事：他拿出舆图和方志，要在上面找这个地方。可不幸的是，菱溪或许有六石，他手上的资料却不见有菱溪的记载。他找到的是某位前任留下的一份有关“荇溪”的记录，作者是一个叫李渍的名不见经传的人，他曾在9世纪中期做过滁州刺史。除了《荇溪记》，李渍也没有任何别的作品留下来。李渍所说的荇溪和欧阳脩说的菱溪水道流向大致吻合。看来不光是石头被搬来搬去，地名也在变来变去。李渍在记文中写了此地灵秀的风光，也写了他修葺废弃的亭子招待客人的事，但他没提到任何特别的石头。这说明，要么欧阳脩找到的不是同一条溪水，要么石头是在李渍身后才被移至此地的，又或者此前没人注意到这些石头，也没人把它们和溪水联系在一起。

欧阳脩询问了当地人，他们告诉他荇溪其实就是菱溪，是为了避五代时吴国国君杨行密的讳才改的名。但杨行密只在这里掌权三年，而且本地人往往对历史不甚明了，时常给出一些看上去似乎有理却不怎么可靠的解释。在《石钟山记》中，苏东坡就曾笑过李渤释名的方式，李渤因“扣石聆之”而有声便以此为“石钟”之名的由来，苏轼笑他笑得不无道理。在《丰乐亭记》中，欧阳脩也发现当地人似乎对这一带在百十年前的五代时期发生的几场大战一无所知。如果五代时期所有的吴国人（包括偏远地带的滁州）都曾试图避杨行密之讳的话，他们弃用的便不只是“荇”字，还会有“杏”字，乃至一切带“幸”的称谓。

当地人对溪名的解释至少是有可疑之处的，但欧阳脩想要一段关于这条溪水的信史，就像他想要让当地人了解这一带曾发生过战乱一样。因为也没有什么其他的解释，欧阳脩暂且接受了这一说法。该说法解决了一个知识性的问题，即，见于文献的溪流何以不见于山水，见于山水的溪流又何以不见于文献。只不过，它在解决了一个问题的同时也提出了另一种可能性：偏远如滁州，有些溪流就是从未有过水文记录的。此外，在实际的本地文化中，一条溪水可能在某地叫一个名字，在五里地外的上游又叫另一个名字。一个王朝就是一部地名名录；这些地名都要被记录在册，标志在图。但是，有名的石头被移走了，地名变了，溪水也找不见了。欧阳脩想把这些记载、标识和名称都规范化，以便创造出历史的连续性。他实打实地把最后几块石头搬进了王朝的版图，将本州县的资产集中起来。

当地人对极其短暂的吴国统治知之甚详：既知道避讳的事，也知道某位吴国将军宅邸的事；却对五代时期另外两个大得多的国家南唐和北周在此地发生的那场大战知之甚少——对此，我们应该觉得奇怪吗？在欧阳脩看来，存在两种知识：一是存疑的、地方性的知识，另一种是可靠的、处于中心的王朝性的知识。这里有的或许只是地方性的知识，战争的见证者也只会讲述他们自己眼中的历史。换句话说，所谓“信”史和正统的历史，都是为王朝服务的。

造成历史不确定性的另一个因素是社会流动，而没有什么比五代时期地方武将的流动更为明显的了。站在溪边，遥想这些人已逝去的，且多少有些来路不正的“一时之盛”，欧阳脩不由心生愤慨。

> 溪傍若有遗址，云故将刘金之宅，石即刘氏之物也。金，伪吴时贵将，与行密俱起合淝，号三十六英雄，金其一也。金本武夫悍卒，而乃能知爱赏奇异，为儿女子之好，岂非遭逢乱世，功成志得，骄于富贵之佚欲而然邪？想其陂池、台榭、奇木、异草，与此石称，亦一时之盛哉。今刘氏之后散为编民，尚有居溪旁者。

最后我们来到了遗迹和旧址的所在地。据说（“云”）这里曾是杨行密手下大将刘金的宅邸，而且也是“据说”，此处的溪边有六块奇石。如今，华府坍为荒墟，石头大多不知所踪，溪名变换，显赫的刘家也泯然于众，成了“编民”。在这篇怪怪的文章中，没有任何东西是稳定的，无论是名，还是物。

欧阳脩无法容忍那块精致的小石流落民间为平民所藏，于是就把它拿走了。更让他难以容忍的是如此富丽堂皇的一座宅邸竟然曾被刘金这样的一介武夫所有。他无缘亲见这座宅院，但他可以想见它曾经的繁丽恢宏。9 世纪中期晚唐的李渍没有提到有关奇石的事；经历了五代初期短暂的繁华后，豪宅成了荒墟，想象中的园林盛景已经湮没于荒草之中，宅中的奇石大多也被搬走，只剩下一块。在欧阳脩对一时之盛的幻想中，占据其幻想中心的是一件让他很不舒服的事：一介武夫如刘金，竟然可以汇聚和占有这么多的一想之美和富丽堂皇。想起这位武夫，他先是用形容鉴赏家的“爱赏奇异”来描述他，但紧接下来的点评就是“为儿女子之好”，随后又论到他的骄奢淫逸，“骄于富贵之佚欲”，似乎这才是对一介武夫应该有的评价。欧阳脩平生见过不少花园豪宅，对它们赞许有加，因为它们的主人都是温文尔雅的士大夫；但眼前这座园子，虽然他从未见过，却对它多有指责，因为它曾被一介武夫所有。

欧阳脩在《丰乐亭记》和《醉翁亭记》中描述过他理想中的社会图景：社会在仁慈政权的统治下秩序井然，太守处于中心，当地士绅围拢在四周，居于其下的是愉快地劳作着的“负者”。如果真像欧阳脩自己说的那样，“物常聚于所好，而常得于有力之强”，那“有力之强”者若是一介武夫又当如何？要知道，在唐代和五代的大部分时期，“有力之强”者往往都是武人。唐代的武人常常也在文官体系里任职，文武两界的区隔并不严格。但现在是宋代。欧阳脩特意告诉我们，刘金的后人已经沦为平民。和通过教育获得经久地位的士绅家族不同，武人起于平民，其后人又归于平民阶层。我们应当注意到，当欧阳脩从一个平民家中取得那块精致的小石时，他特意提到了这家人的姓氏：朱。他这么做是为什么呢？此一举动流露出他一闪念中关于所有权的焦虑：如果这家人姓刘，欧阳脩拿的就有可能是人家的传家宝，哪怕他有权这么做，也会产生一些伦理问题。通常情况下人们不会去注意一户平民姓什么，但欧阳脩给出了这家人的姓氏，意在让读者放心，他们不是沦为平民的刘金后人。

欧阳脩写下《菱溪石记》的次年，他有一封给梅尧臣的信，信中只提到他搬至丰乐亭的两块石头，说它们是南唐官员冯延鲁的“旧物”，并非为刘金所有。冯延鲁是南唐朝臣及词人冯延巳的兄弟。〔2〕冯延鲁或许不是一个好的顾问，政治上没有清誉，但在11世纪，南唐风调依旧有一种带着怀旧感的吸引力。如果说吴国的军事政权有名声不好的问题，那么南唐则因其巨大的文化声望而成为配得上欧阳脩想象中那栩栩如生的昔日豪宅的主人。

历史的真相无从考定。或许欧阳脩做了更多的研究，发现

〔2〕《全宋文》，第33册，第320页。

石头是在宅子归冯延鲁所有期间被带过来的。或许比起朝臣冯延鲁来，当地人更愿意把这个旧址与骁勇的武将刘金联系在一起。又或许石头和名园真的都是刘金的产业，他正好对园林之美有一种天然的鉴赏直觉。这些我们都不得而知，欧阳脩自己可能也没有确凿的历史证据来推断。唯一清楚的是，欧阳脩最终选择的是一个最符合他对世界应然状态的理解的说法，装饰了丰乐亭的那几块石头也因此笼罩上了某种文化的光辉。

> 予感夫人物之兴废，惜其可爱而弃也，乃以三牛曳置幽谷，又索其小者，得于白塔民朱氏，遂立于亭之南北。亭负城而近，以为滁人岁时嬉游之好。

但如今菱溪再没有别的石头了。因为《丰乐亭记》的缘故，分置在丰乐亭两侧的两块石头可能会一直被叫作“菱溪石”；它们不但被挪了地方，还被赋予了名字和故事，以及对往昔一时之盛的记忆。很多人都读过欧阳脩的这篇记文，但恐怕少有人读过他给梅尧臣的信，而那封信似乎对石头前主人的身份做了些更正。欧阳脩曾提醒当地人这一带发生过的战事，提醒他们当年南唐将领就在滁州城门边上被擒；同样的，这位太守把“名”和“史”也都给了当地人。为了把这些石头变成公共空间的一部分，欧阳脩试图将它们稳固下来，为其不断聚散的命运画上句号。

夫物之奇者，弃没于幽远则可惜，置之耳目，则爱者不免取之而去。嗟夫！刘金者虽不足道，然亦可谓雄勇之士，其平生志意岂不伟哉。及其后世，荒堙零落，至于子孙泯没而无闻，况欲长有此石乎？用此可为富贵者之戒。而好奇之士闻此石者，可以一赏而足，何必取而去也哉。

欧阳修最终面临着一个悖论。如果石头被弃置在偏远的地方任其自生自灭，那就不免可惜，因为没人（除了来拜石的平民）会欣赏它们；如果让人关注到它们，又会引人将其取走。欧阳修的解决办法是把这些石头变成一种公益信托：这类东西应该作为国家的公产被放在大家都能看见的地方，如此一来很多人都能来玩赏，却没有一个人能将其取之而去。那块大石头后来被放在了“幽谷”，“幽谷”一词隐约呼应着这段当中“弃没于幽远”的表达，但“幽谷”只是个地名，它指的是离滁州官衙很近的一个地方，不“幽”不“远”，谁都能去，充满了讽刺意味。

欧阳修试图让这个案例成为一个反对占有权的教训；但在把物取之而去这一点上，他和其他那些人没有区别，因为他也是以“强力”而为之的。宋人在“有物”中得到的“乐”与他们对“拥有”的否定总是势均力敌的，他们尤其要否定别人最贵重的所有物，或至少表现出极大的焦虑。所有人都明白“聚散”之理：有聚终将有散。“有物”靠的是权力而非权利；且这种权力很少能延续到身后。欧阳脩把菱溪石放在丰乐亭边，或许是希望能借此将它们置于国家、当地公产，以及他本人作为《菱溪石记》的作者之名的保护之下。“可以一赏而足”的表述可谓苏东坡《宝绘堂记》中有关享有和放手之观点的先声。这些问题都属于“活问题”。欧阳脩和其他一些作家一次又一次地回到这些问题上来。

具有讽刺意味的是，欧阳脩的名篇记文给这些石头附加了前所未有的广泛的知名度，最后总会有有心有力之人来把它们搬走。

欧阳脩或许不赞成私家收藏名石，但他本人仍然渴望收藏和拥有名石，即便他会因自己在“集物”和“有物”中所获得的快乐而感到极大的焦虑。在作于1062年的《集古录目序》中，欧阳脩试图为收藏之乐找一个正当的立足之地，此时距离他离任滁州已经差不多过了二十年。[3] 文章的开篇接续了前文所引《菱溪石记》中的段落，非常坦率地谈到了欲望和权力的问题：

> 物常聚于所好，而常得于有力之强。有力而不好，好之而无力，虽近且易，有不能致之。

---

〔3〕《欧阳修全集》，第599页。关于欧阳脩这篇序文和他的收藏，艾朗诺 *The Problem of Beauty* 一书中有详尽的讨论，见 pp. 7-20。

在欧阳脩的时代，精英阶层中流行“集物”和“有物”，并且乐在其中；但与此同时这样的行为也会遭到批判。欧阳脩想要为他自己收集碑帖的好尚寻找一个空间。为此，他先是描写了一些从远方获取奇珍异宝的庸俗行为：

象犀虎豹，蛮夷山海杀人之兽，然其齿角皮革，可聚而有也。玉出昆仑流沙万里之外，经十余译乃至乎中国。珠出南海，常生深渊，采者腰絙而入水，形色非人，往往不出，则不饱蛟鱼。金矿于山，凿深而穴远，篝火糇粮而后进，其崖崩窟塞，则遂葬于其中者，率常数十百人。其远且难而又多死祸，常如此。然而金玉珠玑，世常兼聚而有也。

与此相反，欧阳脩分辩说自己对古代碑帖的收藏无伤大雅，并且具有学术价值：

皆三代以来至宝，怪奇伟丽，工妙可喜之物。其去人不远，其取之无祸。然而风霜兵火，湮沦摩灭，散弃于山崖墟莽之间未尝收拾者，由世之好者少也。幸而有好之者，又其力或不足，故仅得其一二，而不能使其聚也。

夫力莫如好，好莫如一。予性颛而嗜古，凡世人之所贪者，皆无欲于其间，故得一其所好于斯。好之已笃，则力虽未足，犹能致之。

这些古物近在咫尺，但因无人问津就被散弃各处。而且，它们不但得不到欣赏，还在“湮沦靡灭”；这样一来，收集它们就成了一种高尚的保护行为，正如重新安置菱溪石一样。偶尔也会有一些喜爱这些古物的人，但这些人又“力或不足”。欧阳脩在最后说自己“力虽未足”，但按理来说他是有这个“力”的。继而他转向了谈论他作为收藏家的专一的热忱，“好莫如一”。他用了一个颇有深意的字“嗜”，翻译成英语是“have a passion for”（对某物满怀热忱），实际上就相当于他在形容普通人希求某物表面价值时所用的那个“贪”字。无论多么渴望能保有这些藏品，他也知道它们终有一散，所以便在《集古录》中尽可能详尽地予以记录。

当欧阳脩使用“有力”这一短语时——无论他有意也好，无心也罢——都会让人想起《庄子·大宗师》中的一个著名段落：

夫大块载我以形，劳我以生，佚我以老，息我以死。故善吾生者，乃所以善吾死也。夫藏舟于壑，藏山于泽，谓之固矣。然而夜半有力者负之而走，昧者不知也。

宋代颇有一些关于收藏的好故事，徽宗就是一例。这位热衷于集物的收藏家皇帝自己，连同他那些珍贵的藏品一道，也被“有力之强”的金人给“收藏”了。但最辛酸的例子当属李清照，在《金石录后序》中，她讲述了她和她的丈夫赵明诚（德甫）所共有的那些收藏如何成为她婚姻的负累，获取了甚至比其收藏者个人更大的价值。[4]

> 右金石录三十卷者何？赵侯德父所著书也。取上自三代，下迄五季，钟、鼎、甗、鬲、盘、匜、尊、敦之款识，丰碑大碣、显人晦士之事迹，凡见于金石刻者二千卷，皆是正讹谬，去取褒贬，上足以合圣人之道，下足以订史氏之失者皆载之，可谓多矣。呜呼！自王播、元载之祸，书画与胡椒无异；长舆、元凯之病，钱癖与《传》癖何殊。名虽不同，其惑一也。

欧阳脩始终强调他对碑帖收藏的专一好尚，不同于其他人想要获取稀有且贵重物品的“俗”的热情。他急于在二者之间划清界限，表明他其实已经明白了李清照将在几十年之后对此做出的那种批评。他所专一好尚的物件及其文化地位并不重要。这种好尚很容易就会变成“癖”，让人无法头脑清醒地去衡量不同种类的价值，就像李清照的丈夫赵德甫那样。

所有人都听说过那些面对湮灭与死亡却无法放手的故事。

〔4〕《全宋文》，第174册，第117页。

为了不让自己巨量的藏书落入北周征服者手中，梁元帝放火烧掉了他的图书馆。唐王朝的缔造者之一唐太宗下令将史上著名的书法作品、王羲之的《兰亭集序》为自己陪葬。即便这一类的故事没有历史确据，它们也表露出“有物”者无法放弃自己所有之物的那种令人慨叹的强烈意愿。

苏东坡曾为年迈的欧阳脩辩护，说放弃恋物与热衷于恋物本质上是一样的，因为二者都认定外部事物有令人着迷（所谓“尤物”之“尤”）的力量，只不过一边是屈从于这种力量，另一边是害怕这种力量，同时也害怕物的失散。二人寻求的是一个中间状态。欧阳脩的建议是设置限度，即“知足”。在之后的《集古录目序》中，预料当中的批评者出现了，指责欧阳脩有收藏的虚荣心。对此，欧阳脩的回应是：“足吾所好，玩而老焉可也。”他说这便“足”矣，并且允许自己享受“足”的东西。他在人类的矛盾中找到了一个立足之地。这么说或许对一个老人而言有点不公道，但我们不能不注意到，在八年后1062年所写的《六一居士传》中，欧阳脩又在“足”的需求上加上了一串东西：一万卷书，一棋，一琴，还有一壶总可以被加满的酒。

这些文本中到处都能看到批评者的身影，无论这个批评者是存在于现实中的还是想象中的。对此，文章的作者只要说这么几句话就可以了，“我并不真的在乎这些东西；我在乎的只有‘道’”，或者“我并不真的在乎这些东西，他们只是寄托了我对‘道’的思考”。然后他就可以随心所欲地去搞收藏，无须再理会吹毛求疵的批评。这无异于对虚伪的公开邀请。

另外一位无法对此保持沉默的文人是苏东坡，但他对欧阳脩关于“可也”的提案也不能完全认可。和往常一样，他要找一个新的方式来解决关于“有物”和“物”的问题。

欧阳脩作《集古录目序》后十四年的1074年，苏东坡应友人驸马王诜之邀为他新建的收藏艺术品的宝绘堂写了一篇记文。在这篇文章中，苏轼一如既往地提出了一个非常聪明的观点，完全没有我们常在欧阳脩文章中见到的那种人性的矛盾。[5]苏东坡认为：

> 君子可以寓意于物，而不可以留意于物。寓意于物，虽微物足以为乐，虽尤物不足以为病。留意于物，虽微物足以为病，虽尤物不足以为乐。

苏东坡批评的是对拥有本身的热衷：我们几乎可以听到这话的背后有欧阳脩的声音：“夫力莫如好，好莫如一。予性颛而嗜古，凡世人之所贪者皆无欲于其间，故得一其所好于斯。”这种专一恰恰就是“留意于物”。苏东坡提出的其实是一个披上了非宗教外衣的佛教训诫：执于物者，亦为物所执。但

〔5〕《苏轼全集校注》，第1122页。另参见艾朗诺 *The Problem of Beauty* 一书中的相关讨论，pp. 165-169, 179。

苏东坡的解决方案不是佛教的弃绝，而是他之前向一个俗世的批评者建议的那样，要在不执于物的情况下享受物。欧阳脩想要证明爱古董比爱普通的宝贝要好，但苏东坡反驳说，这两种爱好没什么区别。

> 始吾少时，尝好此二者，家之所有，惟恐其失之，人之所有，惟恐其不吾予也。既而自笑曰：吾薄富贵而厚于书，轻死生而重于画，岂不颠倒错缪，失其本心也哉？自是不复好。见可喜者虽时复蓄之，然为人取去，亦不复惜也。譬之烟云之过眼，百鸟之感耳，岂不欣然接之，然去而不复念也。于是乎二物者常为吾乐而不能为吾病。

此处就“有”与“乐”的关系提出了一个很有趣的论点。在《菱溪石记》中，欧阳脩认为有石头欣赏便足矣，不必拥有它们；他觉得把话说到这份儿上就可以了。苏东坡则更进一步，说拥有这些东西必然会让人不快乐。他比自己所希望的更接近道学家。苏东坡完全没有写到王诜与其藏品的关系；他只是在说自己早年对“有物”的热衷，而据他自己所说，他那时候的执念比欧阳脩更为极端。

苏东坡的这个观点或许很巧妙，但也很危险。他其实是与“物”相戏（flirting），也在与“有物”这件事相戏。他用了“尤物”这个词，却没能洞察到尤物移人的力量。他愚拙地相信他可以对痴迷免疫，也能不受拥有的诱惑。他想要教给王诜一个教训，但他自己恰恰就是个很切当的教训。

接下来要讲的就是最有名的“失石”的故事。故事引出了三首诗，呈现出一个变化的网络中的某些节点，这些节点的意义就存在于网络当中，无法与之分离。这个网络有一条清晰的故事线，线上点缀有一些诗，并扩展到了苏东坡和其他人的写作历史中。关于这个故事的第一部分，已经有学者做过很好的讨论。[6]这是一个有关乐、不乐以及拥有的故事，也牵涉某石头的名字，这个名字赋予石头价值，并且随它一起在各处迁转。我先来概括一下这个故事的第一部分。

苏东坡曾警告王诜，对“有物”的痴迷是危险的，“尤物”既可以是一个女人，也可以是一幅画甚至一块石头。可他自己却犯了他所警告别人的错误。1092 年，他得了两块石头，它们后来成为“仇池”石的一部分。这两块主石中的一块，中间有个洞，即“穴”，仇池得名于杜甫《秦州杂诗》的第十四首

---

〔6〕 参见杨晓山 *The Metamorphasis of the Private Sphere,* pp. 179-196；艾朗诺 *The Problem of Beauty*, pp. 218-234。杨晓山、艾朗诺两位学者讨论的焦点都在仇池石，对“壶中九华”论及较少。笔者在三十多年前发表的一篇文章中对三首诗都做过讨论（文章收录于 *Traditional Chinese Poetry and Poetics*, Madison: The University of Wisconsin Press, 1985）。由于陶渊明家在湖口有一片地，田晓菲在《尘几录》（*Tao Yuanming and Manuscript Culture: The Record of A Dusty Table*. Seattle: University of Washington Press, 2005）中也讨论过这些诗，见 *Tao Yuanming and Manuscript Culture*, pp. 38-40。时隔三十年，三位学者的评论也都深化和丰富了相关议题的讨论，笔者想要对这几首诗再做一番分析，因为它们体现了与“有物”相关的所有问题。

中的一句[7]：

万古仇池穴，潜通小有天。

这些事发生在1092年，彼时苏轼已经经历了他人生当中的许多事：年少成名，政绩卓越，锒铛入狱，垢辱备至，贬谪流放；他经历的已经够多了，而且已经意识到他无路可逃。他和其他许多人一样，青年时代渴望从政，成功过，折损过，然后发现除非朝廷对他放手，否则他永远脱不了身。但眼下朝廷对他充满了报复的恶意，绝不打算放过他。苏东坡想要逃离，他的仇池石就给了他存在于想象当中的这世上的一个迷你洞穴，在这洞穴之外，是另一个更喜乐的世界。

像所有经他手的东西一样，苏东坡的仇池石变成了名石，王诜也再次入镜，要“借”这几块石头。王诜在“借”东西这事上臭名昭著，因为他借了不一定会还。先前他被苏东坡教育了一通，苏让他不要执着于他丰富藏品中的那些“物”，而是要享受它们，并且懂得放手。有了这番说教在前，王诜此时来借苏东坡的爱石，心中必然有种邪意的快感。苏东坡问朋友们该怎么办，朋友们纷纷回复，展开了声势浩大的公开讨论，商议如何处理苏东坡的问题。有些朋友甚至建议他宁可毁掉这几

---

〔7〕 萧涤非主编：《杜甫全集校注》，人民文学出版社，2014年，卷3，第1448页。

块石头也不要把它们让给王诜，这让人想起了梁元帝，他宁可烧掉自己的藏书也不愿将它们留给征服者。1094 年，苏东坡再次被贬，这回是贬到更远更南的惠州，然后石头也没给王诜。

在去惠州的路上，苏东坡途经湖口，在这发现了另一块他觉得可以补充进仇池石组中的奇石。这也是一件“尤物”，苏东坡一下就喜欢上了，名之曰“壶中九华”。“九华”是指这块石头上的九个峰峦，就像今天安徽的九华山一样。“壶”是呼应前代一个关于老神仙的故事，这个老神仙每天晚上日落之后就会缩身钻入他所有的一把壶中。壶中是另一个别有洞天的小世界，呼应着苏东坡手中另一块仇池石中的“穴”，这个“穴”也是通往另一个世界的。他离开湖口继续赶路去惠州，启程之后他写了一首诗，这是他为这块石头写下的第一首诗。[8]

壶中九华诗 并引[9]

湖口人李正臣蓄异石九峰，玲珑宛转，若窗棂然。予欲以百金买之，与仇池石为偶，方南迁未暇也。名之曰壶中九华，且以诗记之。

清溪电转失云峰，梦里犹惊翠扫空。

---

〔8〕《苏轼全集校注》，第 4355 页。

〔9〕 王文诰辑注：《苏轼诗集》，中华书局，1982 年，卷 6，第 2047 页。

五岭莫愁千嶂外，九华今在一壶中。[10]
天池水落层层见，玉女窗虚处处通。
念我仇池太孤绝，百金归买碧玲珑。

一艘船，在激流的推进中载着他驶向惠州。世界正在醒来，九华山已经从视野中消失，但他仍可以在梦里向它致意。“五岭”是实实在在的山岭，他必须翻过去才能到达他在广东的贬所。尽管爱石已经在眼前消失，苏东坡还是在诗的第四句中用自信的语气肯定说它就在那里。但他的自信用错了地方。

“天池”常指山岭高处的湖泊，和苏东坡其他的石名一样，这个名字指称的是这块新石头或仇池石组中的一部分。石纹成了“层层”的水痕；石上的小洞成了“玉女”之窗，从另一个世界向这个世界看过来。

在结尾处苏东坡安慰自己说，待他返程时他一定会回来买下这块石头。士大夫总想避免过于直露地谈论买东西，他们更喜欢以互赠礼物为幌子进行物物交换。但正如六一居士和他的五物一样，这也是苏东坡对“足矣”的梦想。

现在我们开始明白“有”为什么这么重要了。有许多的所有物是可以被迁移的：它们是他人意志所投射的对象。苏东坡本身就是被宋王朝当作一件“所有物”的；他可以在王朝版图

---

〔10〕和仇池一样，九华是山名，九华山在今天的安徽省。

内被四处迁移，被发配到惠州，再到别的地方，最后到海南岛。正如他在一首著名的词中所说的，“此身非我有”。他总是在王朝的疆域内被移来移去，他梦想着能有一个地理空间，一个通向别处的入口，一个属于他自己的仙界。他会是那个小小世界中的君王，那些具体而微的山都是以王朝的名山命名的。全诗的诗眼是“归买”二字，许诺要把想象中的快乐的未来变成被实现的未来。

苏东坡对“尤物”的梦寐以求和他日后的“归买”计划原本只会构成一首无足轻重的小诗，但如果把这首诗看成他后来写的另一首关于他梦想落空的诗的前情提要，那这首诗就变得很有意思了。八年后，苏东坡结束了他在南荒之地漫长的流放，回到了湖口，却发现那块奇石已经被“有力而强”的别人买走了。〔11〕

予昔作《壶中九华》诗，其后八年，复过湖口，则石已为好事者取去，乃和前韵以自解云。

江边阵马走千峰，问询方知冀北空。〔12〕
尤物已随清梦断，真形犹在画图中。
归来晚岁同元亮，却扫何人伴敬通。

〔11〕《苏轼全集校注》，第 5320 页。
〔12〕冀北产名马。

赖有铜盆修石供，仇池玉色自璁珑。

其中几处有苏东坡的自注："尤物已随清梦断"句下有注"刘梦得以九华为造物一尤物"；"真形犹在画图中"句下有注"道藏有《五岳真形图》"；尾联下有注"家有铜盆，贮仇池石，正绿色，有洞穴达背。予又尝以怪石供佛印师，作《怪石供》一篇"。

当苏东坡乘着船速速掠过群山时，他喜欢把那些山比作疾驰的骏马；在这里，他想到了名马的产地冀北，"冀北空"的意思是马已经奔驰而去。消失的骏马同时也是消失的山峦，他的壶中九华。在之前给王诜写的文章中，他曾把那些受到过分珍爱的宝物称为"尤物"，这个词常用来指魅惑人的女性；在这儿他想起刘禹锡曾把九华山称为"造物一尤物"。尤物现在已经消逝在他的梦中了，留下的只有图画中的形象。

接下来苏东坡变成了陶渊明。在贬所的任期结束，他终于可以回家过清静日子了；或者像东汉初年的冯衍一样，在做过官也有过麻烦之后，辞职退隐，并拒绝见客（诗中所用"却扫"一词的意思是拒扫门前的路）。最后被写入尾联的是缺席的"壶中九华"，它会一直存在于苏轼的心里，让他记着这是他的石头收藏中缺失的一部分，他现在所有的只剩下了一个盛着好看的小石头的铜盆（一个微型的"池"），他还曾用它给佛寺做过供奉。

虽然从整体上来说，苏东坡是比黄庭坚更好的作家，但黄庭坚在苏东坡死后造访湖口时所写的诗却是这三首“壶中九华”诗中最重要的一首。黄庭坚写诗以用典著称，“典”指唐代或先唐文献。但其实黄庭坚与他的近代和当代的语境关涉更深；而且从下面的分析可以看出，他用的典往往是对同时代作家所用典的回应。想要读懂和欣赏黄庭坚，我们必须把他放回他所在的那个世界当中。[13]

> 湖口人李正臣蓄异石九峰。东坡先生名曰：壶中九华，并为作诗。后八年自海外归，湖口石已为好事者所取。乃和前篇以为笑，实建中靖国元年四月十六日。明年当崇宁之元五月二十日，庭坚系舟湖口，李正臣持此诗来，石既不可复见，东坡亦下世矣。感叹不足，因次前韵。

> 有人夜半持山去，顿觉浮岚暖翠空。
> 试问安排华屋处，何如零落乱云中。
> 能回赵璧人安在，已入南柯梦不通。
> 赖有霜钟难席卷，袖椎来听响玲珑。

在诗的长序中，黄庭坚说“石既不可复见，东坡亦下世

〔13〕刘尚荣点校：《黄庭坚诗集注》，中华书局，2003年，第596页。

矣”，将缺席的石头和他已故的友人相提并论。石头是被一位热忱的收藏家郭祥正拿去了；黄庭坚一定读过欧阳脩的《集古录目序》，他立刻就把欧阳脩文中的“有力”与《庄子》中著名的“有力者”联系了起来。《庄子》中这段文字前文引过，复引如下：

> 夫大块载我以形，劳我以生，佚我以老，息我以死。故善吾生者，乃所以善吾死也。夫藏舟于壑，藏山于泽，谓之固矣。然而夜半有力者，负之而走，昧者不知也。

无论我们多么努力地养生护生，死总会到来，像有力者带走藏舟一样把生命带走。我们必须理解这一点，才能听得出第一句诗中那心酸的幽默。充满争胜心也满怀热忱的收藏家郭祥正——用欧阳脩的话说就是“有力”者——在夜里悄无声息地来了，他带走的不是藏舟，而是藏舟之山，也就是苏东坡说的“壶中九华”。[14]这就是我们读到的那句带着惊叹语调的“有人夜半持山去！”，苏东坡也以同样的方式被死亡带走了。死亡是最有力的收藏家。

“壶中九华”是苏东坡想买的山，是隐士们“买山”隐居

〔14〕这里我们保留了“山”这个字。《庄子》原文中的意思或许是有力者把山和舟都带走了。

的具体而微的版本。苏东坡曾在《书王定国所藏烟江叠嶂图》中写到过“买山”。[15]苏东坡仔细观察过这幅画之后在诗中写道：

> 不知人间何处有此境，径欲往买二顷田。

但这首题画诗的开头对画的描写非常奇怪，这种怪异给黄庭坚留下了印象，他把它写进了自己诗的第二句（“顿觉浮岚暖翠空”）。苏东坡原诗是这样写的：

> 江上愁心千叠山，
> 浮空积翠如云烟。
> 山耶云耶远莫知，
> 烟空云散山依然。

显然，画里的云一般是不会散的，但在苏东坡题画诗里的云就不一定了——当苏东坡归来途经湖口时，云也散了，空无一物：他“顿觉浮云暖翠空”。有人持山而去，只留下了云烟。“顿觉”一词让诗中哀伤的幽默感读来更有深度了：“顿觉”本是佛家语，这里是“突然意识到”的意思，但在传统的

〔15〕《苏轼全集校注》，第 3379 页。另参见艾朗诺 *The Problem of Beauty,* p. 189。

佛教语境中，这个词相当于“顿悟”。所谓“悟”，当然总是意味着一个人认识到看起来真实的世界——像山那样真实的存在——其实都是“空”。

这座与苏东坡失之交臂的微型山峦现在毫无疑问已经被安置妥当，成了它得意的藏家及其友人的赏玩对象。尽管黄庭坚在诗中没有明言，但我们应该指出，尽管苏东坡没能得到这块具体的石头，但他对石头的命名已经标明了对它的所有权，无法磨灭的所有权。通过命名，“壶中九华”已经属于苏东坡了，收藏家郭祥正不只是用高价买了一块无名的石头，他是拿走了一样本该属于那位命名者的东西。

黄庭坚诗的下面几句中有好几处是对《庄子》的呼应。石头最好是被留置在荒野里而不是被供在华屋中展览；或者说，石头被留置在旷野里要好过被供在华屋中展览。就像卞和的玉最好是被留在原石中，而不是让它的发现者遭受痛苦，在被雕琢成玉璧之后让人们为了占有它而彼此相争。

就像“壶中九华”一样，和氏璧最早也是一块石头。卞和发现了它，认定这石头里裹藏着一块旷世美玉。他两次向楚王进献，但楚王手下的匠人们看了之后都认为这只是块普通的石头。每一次楚王都认为卞和是想行骗，怒而刖其一足。终于又有一位新王继位，卞和再次献玉，这一次玉匠认出了石头中蕴藏着一块稀世珍宝。剖石见证了和氏璧的成色质地，刖足也显明了卞和的品质为人。卞和的璞玉石被雕琢成了一块玉璧，充满灵气，引来各路诸侯争相抢夺。

和氏璧最后落入赵王手中。秦王也想要“收藏”它——秦想要拥有包括疆土在内的一切，用西汉政治家贾谊的话说就是要“席卷天下”（见黄诗第七句）。就像宋代收藏家们会互相交易彼此最好的藏品一样，秦允诺赵王以几个城池换和氏璧。但也正如苏东坡无法相信王诜只是想“借”仇池石一样，赵王也不相信秦以城池交换和氏璧的承诺。赵国的忠臣蔺相如提出要去秦国送玉，若对方无法兑现承诺，就将玉带回赵国。一到秦宫，蔺相如就看出秦国无意给赵国城池；他作势举起那块玉，威胁说要把它摔碎——正如苏东坡的朋友也曾劝他宁可毁了那两块仇池石也不要把它们给王诜。后来蔺相如成功地做到了完璧归赵。

能回赵璧人安在，已入南柯梦不通。

如今却没有一个蔺相如可以带回“壶中九华”了；苏东坡或许能做到，但他死了，去了那个传说中的南柯郡蚂蚁国。“南柯梦”指的是一个唐传奇故事，某人做梦去了一个蚂蚁王国并在那度过了一生，但醒来发现只是一场虚空。现在已经没有通往梦境的路了。

黄庭坚诗下一联的用典又再次把他带回了赵国和秦国，秦国是“更有力”者，同时具有很强的目的性，而这正是成功收藏家的标准。但在此之前，黄庭坚的思绪先是转向了另一块石头，一块留在原地无法被搬走也无法被损毁的石头。这就是（石）钟山那一整座山，苏东坡曾为它写过一篇名文。我们下文很快就会讨论到这篇文章，它也是以一个有关命名的故事开头，讨论了在苏东坡的前代人如何解释山名中“钟”字的由来。在苏东坡自己探讨山名的这一段，一开始是一个当地寺僧从山里取了一块石头敲了敲，但石头只发出了可笑的硿硿声——很难算是“石钟”的声响。

黄庭坚脑子里一直在想着关于“碎”的事——苏东坡要抢在“更有力”者王诜之前碎掉他尤物般的石头；蔺相如威胁说他要摔碎那块属于赵国的有名的玉璧；石钟山的寺僧是用一把铁斧去敲击石头。正是“碎”的意象将黄庭坚又带回了秦国和赵国的故事：秦兵包围了赵国的都城，赵国亟向邻国魏国求援。魏王拒绝施援，但他的兄弟信陵君决意不惜任何代价援救赵国。他的计划是窃取虎符，调动魏国军队以解赵都被围之困。但参与谋划的人担心军队的将领不会轻易交出兵权，于是大力士朱亥将一把铁锥藏于宽袖之中，与信陵君一起拿着虎符去见了那位将军。之后信陵君夺取兵权，救了赵国，迫使秦军退兵。

赖有霜钟难席卷，袖椎来听响玲珑。

尾联并举了两位席卷者，一是将壶中九华卷在席子里带走的那位更有力的收藏者，一是扬言要“席卷天下”的秦国。但真正的山是搬不走也击不碎的；敲一下，有“玲珑”的响声，“玲珑”在苏东坡原诗中是指穿过许多裂隙的光，黄诗这里是指良玉的碰撞声，亦指苏东坡的《石钟山记》——良玉之声往往用来比喻美文之质。石钟山之声本身就是“玲珑”。

以上这些都是很有名的故事和大家耳熟能详的物件，是不需要博学就能理解的典故，它们全被交织在了一起——石头与死亡的故事，收藏家力量与意志的较量，为了不使其落入更有力者之手而打碎自己心爱之物的抗争——这一切都被框进了如梦一般（对尤物之“尤”）的痴与嗜中。读者们或许很容易想到另一位收藏家石崇（249—300，他偏巧姓“石”）所拥有的另一件“尤物”：他的宠妾绿珠。一位与权贵家族关系亲善的朝臣想要得到绿珠，石崇拒绝了：“绿珠，吾所爱，不可得也。”当对方派了人来要把她带走时，绿珠坠楼自尽。后来石崇也被诛杀。当一个人失去了他最珍爱之物时，死亡似乎也将紧随而来。

但“壶中九华”已经不在了，接着苏东坡也不在了。1101年，即黄庭坚写下这首诗的那一年，有一位新君继位，这就是徽宗。徽宗后来成了最大的收藏家，他是比任何人都“更有力”者，他的力唯独没有胜过死亡。“壶中九华”最终也被纳入徽宗巨量的收藏之中，必定也是被“席卷”着带进了皇家园林。徽宗的收藏也有一番故事可讲。

4 悉为己有：主权的诗学

我们前面探讨的是一些“乐之所”，即系于某种或某些物件本身，或与某个处所本身相关联的乐。但这种与处所或物件相关联的乐却引出一个相反的观点：乐是一种心境，它能让人在任何地方、任何事上都找到乐。我们常常都能看到这样的焦虑，某个人在某事某物或某地中找到了乐，后来却被他拥有或喜爱的物所吞没：当他太想要某个东西时，这东西就成了“尤物”，会让他丧失自我。

在《宝绘堂记》中，苏东坡试图在关于所有权的新兴话语体系和佛教的无执之教之间找到一个中间点。他要的是一种哲学意义上与物相“戏”（flirting）的状态——在此刻享受它们，过了此刻便放手。但“戏”总是危险的，“戏”物之人貌似在以闲情戏玩，却总会被这些玩物所摄，终将经历失离的苦楚。只要苏东坡允许自己对“壶中九华”有渴求，那就总会有某个藏家来横刀夺爱，矜夸自己的胜利，幸灾乐祸于苏东坡的失落。

对所有权的渴望焦虑与对所有权的普遍意识直接相关。到了宋代，我们已经开始触及现代世界的边缘，而在现代世界中，人们总是意识到谁谁谁有什么什么东西。我们当下所生活的空间是由两种意识分割开的，一种是对公共空间和财产的意识，一种是对私有空间和财产的意识。两种空间都有各自的禁入标识，对那些想进来的人发出警示。在宋之前当然偶尔也能看到有关所有权的讨论，但并不普遍。而在宋代，所有权已经成为社会意识的一部分，哪怕是认为人不应该累身于任何财产的最严苛的道学家，在讲到自洽不隔的完美状态时也会用个人所有权来打比方：

> 学至于乐则成矣。笃信好学，未知自得之为乐。好之者，如游他人园圃；乐之者，则己物尔。[1]

这是一段相当惊人的表述。儒家学者一般不主张人沉迷于对物的占有，但用它打比方来说明“好之”和“乐之”之间的区别是可以的。或许它比纯粹的比喻更深刻；又或许它体现了当下社会意识中某种基本性的转变，即便这是道学家们希望超越的东西。“好之”也意味着“图之”，于是便打开了欲望的口子。而“乐之”只能存在于“己物”之中。

我们不妨用白居易的一首诗《游云居寺，赠穆三十六地

〔1〕《二程集》，中华书局，2004年，遗书卷11第127页。

主》[2]来做个对比。这首诗里有关于白居易与一位唐代地主辩争产权的描述：

> 乱峰深处云居路，共蹋花行独惜春。
> 胜地本来无定主，大都山属爱山人。

“本来无定主”，这位唐代诗人对永久产权不以为然。这里提到了物“主”，却与所有权无甚相关。而在宋代的相关表述中，法律意义上的所有权问题则是不容忽视的。

好比说你要在别人家的地盘上设宴，你或许会说这没什么；但为了表达这个“没什么”的意思，你必须提到所有权的问题。因此，当欧阳脩在西湖（颍州西湖，不是杭州西湖；欧阳脩致仕后退居颍州）设宴时，他让歌女们唱了一套带念语的曲子，用这段介绍性的“念语”表达了他的意思。这件事约略发生在 1072 年，距他离世已经不远了。[3]

> 昔者王子猷之爱竹，造门不问于主人；陶渊明之卧舆，遇酒便留于道上。况西湖之胜概，擅东颍之佳名。虽美景良辰，固多于高会；而清风明月，幸属于闲人。并游

〔2〕 朱金城笺注：《白居易集笺校》，上海古籍出版社，1988 年，卷 2，第 747 页。
〔3〕 邱少华编著：《欧阳修词新释辑评》，中国书店，2001 年，第 1 页。

或结于良朋，乘兴有时而独往。鸣蛙暂听，安问属官而属私；曲水临流，自可一觞而一咏。至欢然而会意，亦傍若于无人。乃知偶来常胜于特来，前言可信；所有虽非于己有，其得已多。因翻旧阕之辞，写以新声之调，敢陈薄伎，聊佐清欢。

开篇提到的王徽之（338—386）的典故很能说明问题。〔4〕

时吴中一士大夫家有好竹，欲观之，便出坐舆造竹下，讽啸良久，主人洒扫请坐，徽之不顾。将出，主人乃闭门，徽之便以此赏之，尽欢而去。

欧阳脩要在前人中找一个兴之所至、在他人领地上盘桓流连的先例。他的“念语”从头到尾都反复在说他是在其他人的领地上办的宴会；而别人的领地**并非**公共空间。因为他的名望，欧阳脩此举多半不会遭到主人的反对，但无论如何，这里都存在一种基本的意识：他这是未经允许就踏上了别人的领地。念语以王徽之的故事开头：王徽之爱竹，去别人家欣赏竹子却不跟人家主人打招呼。醉心赏竹而忘了礼数，这是王徽之贵族怪诞做派的一个标志；他擅闯别人的领地只是个无心之

〔4〕《晋书》，中华书局，1974年，第2103页。

失。如果说王徽之并没有意识到他是在别人家的地盘上，欧阳脩对自己的越界则是心里明白得很。但在讨论到乐时，他却用了一个表示所有权的词“属于”：“而清风明月，幸属于闲人。”他总强调他到此处宴饮并非“特来”，不断回到所有权的议题上去，又不断要超越所有权：“鸣蛙暂听，安问属官而属私。”愚蒙的晋惠帝曾问鸣叫的虾蟆是“官”是“私”，这个故事被用来说明他的智力低下。在《晋书》原文中，晋惠帝的“官”“私”之问原本是个非常蠢的问题〔5〕；欧阳脩回答了这个不必回答的问题，说问题本身不重要。但此地既不属于他也不属于官家的事实却是一直在他脑海中的：“所有虽非于己有，其得已多。”

此处的用典很像是一场法律辩论，援引前例以自证合理。因为很显然这里不会有人提出反对意见——谁胆敢不让欧阳脩这样的大人物在某处私人领地上设宴呢——所以这些全都出自欧阳脩自己的内心活动，他为某些东西感到些许不安，觉得得分辩一番。程颐关于游“自家园圃”之乐的话所言不虚。

这就把我们引向了同时代中最为引人注目的另一篇文章：司马光的《独乐园记》。经典的传统价值观不主张人将产权据为己有，这篇文章却慷慨激昂地宣扬私有产权，并为之在经典传统面前辩护。该文作于1073年，是在欧阳脩作《六一居士

〔5〕《晋书》，第108页。

传》三年之后，此时正值王安石当政，司马光已从公共事务中抽身，退居洛阳。独乐园有些自相矛盾的地方，理论上来说它是个大庄园，但比起洛阳地区的其他名园，它的规模又不算大。除《独乐园记》以外，司马光还写了大量的诗，大张旗鼓又事无巨细地赞颂这个园子；不过，《独乐园记》中强调了排他性：这园子刚刚够上让主人一个人快乐的。这是个不大得当的论调。

司马光这番言论的背景是王安石变法，而王安石变法主张国家掌控经济，限制私有财富和豪商巨贾的产业。独乐园不属于豪华的大庄园，没有被国家充公的危险，但王安石与所谓保守派之间的党争让私有财产和免受政府干预成为备受关注的议题。司马光不想受到干预搅扰；而产权的效力就在于屏退他者，让别人无法享用自己所拥有的东西。司马光在园中会穿上古代隐者的装束，这一点广为人知；但他其实是个颇有资产的人，是个生活在私有财产时代的声名颇著的"隐者"。独乐园是司马光的古风小剧场，而经典的传统价值观则要求独乐园园主心甘情愿地使之成为一个与他人共享的空间。

"独乐园"的命名方式与孟子的"众乐"说背道而驰，而"众乐"说是支撑欧阳脩《醉翁亭记》的背后的价值观。而且，《独乐园记》讨论的是私有空间，这一点也与欧阳脩滁州诸记中的公有或国有空间之说相悖。在这个重视儒家观念的新时代，司马光需要为私有产权的正当性找到一个合理解释。儒家群经帮不上他的忙——百姓或许会自愿来营建文王的灵台，但灵台之园最初并不是文王出资买下的，文王也不用给营建的百姓日结工钱。独乐园则不同，无论是购买园子的地产还是修建园中的一亭一榭，司马光都是花了钱的。

司马光可以通过否定的方式为他这所不大不小的城市园林的私有权辩护，说儒家群经中的价值观并不适用于他的情况。他一上来就用自己的话复述了孟子和梁惠王关于儒家相关价值观问题的讨论结果，然后指出这段话不能用来分析他的情况，因为那二人讨论的是“王公大人之乐”，而这种乐是他司马光无法企及的。接着他又以颜回为反例讨论了穷困潦倒中依然有乐的情形。颜回之乐不是“王公大人之乐”，是“圣贤之乐”，但这种乐也是他无法企及的。这样一来，司马光实际上是在大富大贵者和贫弱却有道者之间开创出了一个“中产阶层”；前者的乐来自他们的公共身份，后者的乐只来自内心。[6]“众乐”说可以用在统治者和清贫的圣贤身上，却不适用于他这样的普通人。居于中层的简素之乐成了他的避难所。

> 孟子曰：“独乐乐，不如与人乐乐；与少乐乐，不如与众乐乐。”此王公大人之乐，非贫贱者所及也。孔子曰：

〔6〕 从白居易的“中隐”里也可以看到这种使用双重否定来创造中介空间的尝试，虽然二者的含义有深刻的差异。参见杨晓山 *Metamorphosis of the Private Sphere*, pp. 36-50。

“饭蔬食，饮水，曲肱而枕之，乐亦在其中矣。”颜子一箪食，一瓢饮，不改其乐。此圣贤之乐，非愚者所及也。

司马光在第一段就预先阻止了任何因为他给园子取名“独乐”而可能遭致的批评，同时还给出了一个像他这样的“愚者”所能实现和企及的正面形象：

若夫鷦鷯巢林，不过一枝；偃鼠饮河，不过满腹，各尽其分而安之，此乃迂叟之所乐也。

在另外一段此处未引的段落中，司马光逐一描述了园子中的各个区域以及他给各区域起的名字。*形之于文字的游园路线构成了一出“独乐”的微型剧目，供人在逶迤的词句中尽情展开想象。

堂北为沼，中央有岛，岛上植竹。圆若玉玦，围三丈，揽结其杪，如渔人之庐，命之曰“钓鱼庵”。

任何种过竹子的园丁都会明白，要维护一块“玦”状的竹林，以便为林间的“钓鱼庵”营造出一种简静的气氛需要花费

---

* 本书英文原著的附录中提供了本文的全文翻译。——译者

多少匠心和精力。竹子有“留白恐惧”症（horror vacui），会迅速滋蔓占领周围的空间。因为是在岛上，所以滋蔓的空间有限，但在明代仇英的名画《独乐园图》中，“钓鱼庵”就是被周围各式各样的植被挤在中间，挤成了一个方方正正的方块。

要知道，司马光的寓所不在独乐园，他在城里另有住处；他买下这块地纯粹是因为想要个园子。司马光告诉我们，他在洛阳的这个花园有二十亩（三英亩多）；尽管跟其他更豪阔的园子相比显得有些局促，但独乐园绝不至于只是鷦鷯巢的“一枝”。司马光或许是用了二十亩地来“尽其分”，但这是相当宽舒的一个“分”——更不要说他在城里还另有居所了。每个人都有自己关于“足够”的最低标准，但是，在某个大城市中拥有一处占地二十亩、带五千卷藏书的“读书堂”和许多亭台楼阁的别业，这对任何人而言都不算是低端的物质限度。司马光告诉我们他买了这块地，但没说他是花多少钱买的。我想这个数目怎么也不会比苏舜钦买苏州老城边上的沧浪亭所花的四万钱要少。

当所有权成为一个问题的时候，价钱就是值得考虑的。比较一下苏舜钦买沧浪亭花的四万钱和下面这则经常被提及的关于独乐园的故事会给我们带来一些启发。当下流传的故事版本源于《元城语录》，一本由司马光的热心追随者编的有关他的杂闻逸事集。从这则故事中我们得知，司马光家的园丁靠在花开时节卖独乐园的门票钱日入十千[7]：

> 然独乐园，在洛中诸园最为简素，人以公之故，春时必游。洛中例，看园子所得茶汤钱，闭园日，与主人平分之。一日园子吕直得钱十千，肩来纳。公问其故，以众例对。曰："此自汝钱，可持去。"再三欲留，公怒，遂持去，回顾曰："只端明不爱钱者。"后十许日，公见园中新创一井亭，问之，乃前日不受十千所创也。

这则逸事的目的一是要表明司马光对钱没兴趣，二是介绍园丁收支平衡的妙招，但把它和《独乐园记》放在一起对读就会觉得怪。这里有商业活动和"独乐"间的奇妙反讽。花开时节的独乐园一点都不"独"，任何付得起茶汤钱——就是园子门票——的人都能进来。司马光不仅没有"与众乐乐"，他甚至不接受众人为这种乐所付的钱。这真是对《孟子》的一个怪异的扭曲。众人的确来了，进到了园子里，享受了游园之乐，而主人却不要与他们同乐。这些人的乐是花钱买来的，就像司马光造园子也是花了钱的一样；只是他们把这个钱花出去还得通过一个中间人园丁。园丁最后造了个亭子来补偿主人的应得

〔7〕 马永卿：《元城语录》（丛书集成新编），台北新文丰出版公司，卷21，第201页；卷2，第23页。

之份（在后世的某个版本中，这个广为流传的故事里的亭子变成了一间厕所）。

此处我们要停下来考虑一下文化价值和商业价值之间的关系。园丁“茶汤钱”的故事暗示说“人以公之故，春时必游”。这一点在李格非的《洛阳名园记》中讲得更明白[8]：

> 司马温公在洛阳，自号迂叟，谓其园曰独乐园。园卑小，不可与他园班。其曰读书堂者，数十椽屋；浇花亭者，益小；弄水、种竹轩者，尤小；曰见山台者，高不过寻丈……温公自为之序，诸亭台诗，颇行于世。所以为人欣慕者，不在于园耳。

价值是由文化文本产生的，而某一文本则明确拒斥他人造访此园。当游客在花开时节付钱才得准入时，文化价值就被转化成了商业价值。园丁要跟司马光分账，但像他这样的文人高士又一定得拒绝这种商业利益；而商业价值最终又变成了园子里的一个新亭子，回到了司马光手中。园丁的故事历史上是否确有其事我们从无考定，具体细节亦不辨真伪，但这样的杂闻仍然体现出一种存在于想象当中的文化价值与商业价值间的关系。这则故事中关于收支的那个细节值得注意：园丁得了十千

〔8〕《全宋笔记》第三编，大象出版社，2008 年，第一册，第 171 页。

钱，照洛阳的惯例应该分给园主人一半；但司马光因不屑取利最后反而得到了全部——“新创一井亭，……乃前日不受十千所创也”。

经典意义上的散文（classical essay）努力在自己的话语体系中寻找一些已有的词汇来为“私有财产”谋求表述的空间，但能够体现私有财产及商业化全部后果的却只有笔记（the miscellany）这一类文体。“独乐”这个意味深长的园名，司马光的鼎鼎大名，花园的简素之美，这些都增加了园子的魅力，吸引游客们蜂拥而至前来探访。有一些新的力量被引入了当代文化，致使其在话语层面出现了分裂：笔记可以告诉我们这背后发生了什么；但经典文类却试图在新生事物和旧有的价值观念之间搞调停——或者更常见的情况是，试图隐藏起新兴的价值观。但即便是在经典文类中有时也能看到新世界的到来。司马光告诉我们，他在园中“上师圣人，下友群贤，窥仁义之原，探礼乐之绪，自未始有形之前，暨四达无穷之外，事物之理，举集目前”。此时他听上去非常像个大儒；但私有权的话题紧随其后，悄然而至：

> 迂叟平日多处堂中读书，上师圣人，下友群贤，窥仁义之原，探礼乐之绪，自未始有形之前，暨四达无穷之外，事物之理，举集目前。所病者学之未至，夫又何求于人，何待于外哉！志倦体疲，则投竿取鱼，执衽采药，决

渠灌花，操斧剖竹，濯热盥手，临高纵目，逍遥徜徉，唯意所适。明月时至，清风自来，行无所牵，止无所柅，耳目肺肠，悉为己有，踽踽焉、洋洋焉，不知天壤之间复有何乐可以代此也。因合而命之曰：独乐园。

这里牵涉一个重要问题。司马光的乐是在这个园子本身，还是在“悉为己有”的事实？他所有的，是在这个园子中的经历；而要想有这种经历，就得先拥有这个园子，让一切经由这个园子发生。程颐的那句话似乎可以回答这个问题：“好之者如游他人园圃，乐之者则己物尔。”所谓“悉为己有”当然不只是指他花钱买了地造了园子，还包括他对园子的规划和对所有景点的命名，他的乐正是在这些经历中实现的。“独乐园”是乐、拥有和命名的汇聚。正如六一居士得名于他随身携带的几件所有物一样，独乐园也是自我置身其间的一个集合体。这不只是一个让他快乐的地方；它让他快乐，在很大程度上是因为它是他的。

尽管文章的开篇已经对可能的咎责做了预先防范，想象中的吹毛求疵者还是不可避免地出现了。批评司马光对“独乐”之名的选取会是“记”文中一种常见手法，且文中也对此充分预示：

或咎迂叟曰：“吾闻君子所乐，必与人共之。今吾子独取足于己，不以及人，其可乎？”迂叟谢曰：“叟愚，何得比君子，自乐恐不足，安能及人？况叟之所乐者薄陋鄙野，皆世之所弃也。虽推以与人，人且不取，岂得强之乎？必也，有人肯同此乐，则再拜而献之矣，安敢专之哉！”

司马光再次谦逊地表明他不能与君子相提并论，他自己所有的都不怎么够，更不足与他人分享。他刚刚还在介绍这个园子的规模、布局和它带给他的快乐，这会儿却说这个地方薄陋鄙野、为世人所弃，即便他愿意与人分享，别人也不会想要（春日游园的门票收入完美地揭穿了这个谎言）。但他紧接着又说若有人对这个园子感兴趣，他愿意与之分享。这到底是怎么一回事？

自古以来的儒家价值观与私有产权之乐带来的新的价值观起了冲突，面对这种冲突，司马光创造了这个对话者角色，让这人迫使自己在想象中放弃他最珍贵的所有物：他对园子的独家使用权。与欧阳脩享受他人陪伴的融融之乐不同，司马光想把这些景点带给他的乐都贮藏起来。这里有一种实际上非常布尔乔亚的东西：从一个人的所有物发展出某种独立自主的价值。所以即便这种所有物可以毫发无损地与人分享，“悉为己有”依然是一个要讨论的议题。

“自乐恐不足，安能及人？”我们应该停下来想一想司马光为了不与人共享他的园子而做的抗辩有多么奇怪。很显然，其他人是可以进来玩的，而且这丝毫无损园子带给主人的乐趣。但司马光把园子能带给人的乐“资本化”了，量化了，所以如果其他人也能从园子里找到乐，他自己得到的乐不知怎的就会少了。这种明显很自私的立场迫使他在最后勉强同意与他人分享，措辞上突然变得很恭敬，带着一种躲闪的语调，似乎是在被迫接受某种更高明的观点。我们先是从占有的骄傲转向了“专”之的企图（即通过贬损之前被赞美的东西来进行占有），再从“专”之的企图转向了最终的放弃。

最后司马光提出要把心爱的园子“献”给他人。“献”是个有趣的字眼，表示把东西奉送给比自己地位高的人，而此处他正是被一个更高的论点折服了。他给他的园子起名“独乐”，意味着对无从抵抗的力量的抵抗。

我们知道洛阳在司马光时代就已经是座古城了，城中没有哪一处是没有历史的。司马光凿池筑亭的地方也一定有洛阳的某些历史遗迹。[9]而在《独乐园记》中，他却称之为“买田”，似乎他的城中别业是在一处没有历史的田野上，此地从他建造园子开始才有了历史，所有名字也都是他起。让此地成为他的所有物的不只是那一纸地契，还有司马光的这些宣传。

如果我们把司马光作于1073年的《独乐园记》和欧阳脩

〔9〕 这里应该是唐洛阳城的遗迹。东汉的洛阳城和西魏承之而建的洛阳城在唐洛阳城以东，其位置至今未变。

差不多三十年前在滁州写的《醉翁亭记》拿来比较一下，就会看到两者之间惊人的差异，这差异体现在从众乐到独乐的转变上，也体现在二人对某地背后的历史的兴趣上。而且这些差异在很大程度上源自一个用国家资源办事的地方官员和一个使用个人资源行事的私人公民之间的差别。类似的这种从国家到私人、从众乐到独乐的转变也能在《醉翁亭记》和《六一居士传》的比较中看到，而后者的写作时间距离司马光的《独乐园记》不过数年。更早的一篇关于私家园林的记文是1045年的《沧浪亭记》，欧阳脩的《丰乐亭记》也作于同一年。

借由文章的宣传，他们给这些地方起的名字也经久不衰地沿用了下来。在之后的几百年中，这些亭园一次次倾颓又一次次得到重建，这样某篇名文所描写的具体地点才不至消失；即便在今天，有些旧址实际上已经无法重建了，依然有人钟情于此，寻迹而来。苏舜钦的沧浪亭留存了下来，仍坐落在姑苏古城之外，只是已经被现代的苏州城区包围在当中了。亭台是重建的亭台，园子是修复的园子，《沧浪亭记》被抄录下来陈列在显眼处，供所有人阅览。沧浪亭是公产，但必须付钱才能进去追忆苏舜钦之乐，正如当时的人要付钱给司马光的园丁才能进入独乐园一样。

当欧阳脩在偏僻州郡为官，动用公款、役夫和牛车修整公共设施、在山水间搬运大石的时候，苏舜钦丢了官职，南下来到苏州。虽然两个人都是党争的牺牲品，但看欧阳脩在滁州的那几篇名文，我们绝对想不到他到滁州任太守是被看成“流放”至此的。和欧阳脩在滁州的感觉类似，苏舜钦也觉得自己置身于五代吴国的遗迹当中。在《沧浪亭记》中，他讲到自己买下了一块地，也告诉了我们地价几何——四万钱。

> 予以罪废无所归，扁舟南游，旅于吴中，始僦舍以处。时盛夏蒸燠，土居皆褊狭，不能出气，思得高爽虚辟之地，以舒所怀，不可得也。一日过郡学，东顾草树郁然，崇阜广水，不类乎城中。并水得微径于杂花修竹之间，东趋数百步，有弃地，纵广合五六十寻，三向皆水也。杠之南，其地益阔，旁无民居，左右皆林木相亏蔽。访诸旧老，云钱氏有国，近戚孙承佑之池馆也。坳隆胜势，遗意尚存。予爱而徘徊，遂以钱四万得之，构亭北碕，号沧浪焉。前竹后水，水之阳又竹，无穷极。澄川翠干，光影会合于轩户之间，尤与风月为相宜。

某物的所有者如何被其所有物定义，我们在前文中已有讨论。这是一个关于身份的问题。官员是由他在王朝体系中的位置来定义的；官阶定义了他的身份，而这个身份又在很大程度上决定了他与他者的关系。朝廷可以让他在各地间宦游迁转，在等级中上下起伏，但这个体系本身是稳定的，可以在其中看到某个人是谁、在哪里。在这个体系中丧失了自己的位置（而不是被贬谪流放到偏远之地）就意味着丧失了社会身份。苏舜钦以惨淡的直白说出了这一点："予以罪废无所归。"他成了一个游荡者，不再属于任何地方。他是姑苏老城偏狭一隅的房客；而滁州的欧阳脩，甚至包括在扶风的苏东坡，都能动用国家资源指派徭役造一个让自己舒服的好亭子。苏舜钦现在唯一拥有的力量就是钱——还有写作。仍在王朝体制内拥有一席之地的欧阳脩尽可以调侃一番苏舜钦的新产业，还把他在《沧浪亭记》里提到的价钱都写了进去：[10]

清风明月本无价，可惜只卖四万钱。

这联诗源自李白《襄阳歌》里的一句："清风朗月不用一钱买。"因为对成本有兴趣，宋代文人常常会萌生与此有关的想法。欧阳脩的那联诗就是在"无价"一词的双重含义上做文章。

在老城的城郭外探寻，苏舜钦找到了他的这块地方，这里原是五代时吴国皇室某外戚的别业。他称此处为"弃地"，但它仍然是有主人的，苏舜钦从主人手里把它买下来。和欧阳脩不同，苏舜钦没有去想象它昔日的辉煌；只说此地为草木所蔽，地段不错，三面环水。但他的确也提了一句"坳隆胜势，遗意尚存"。换句话说，此地并非自然景致，它的基本地势还

〔10〕《全宋诗》，第 3608 页。

保留着先前着意设计过的园林景观的痕迹。

在这个私有权的世界里，有很多东西被隐去了：讨价还价，起草地契，雇工造亭，没准儿还要再建几堵墙，告诉大家此处已不再是“弃地”。造园子需要有个园名，还要有篇记文把这个园名广而告之，就如同地契是对土地买卖的权威认证。但是，名字的生命力是可以比所有权和建造物都长久的，苏舜钦非常明白这一点。“沧浪”之名自然透露出此地为隐者的居所之意。沧浪亭成为王朝体制之外的一个空间，他可以在此反思体制。有了这样一个自己的空间，人便不再受其所有物的奴役，而能借由这个空间反观他曾在王朝体制内的个人生活。

> 予时榜小舟，幅巾以往，至则洒然忘其归。觞而浩歌，踞而仰啸，野老不至，鱼鸟共乐。形骸既适则神不烦，观听无邪则道以明。返思向之汩汩荣辱之场，日与锱铢利害相磨戛，隔此真趣，不亦鄙哉！噫！人固动物耳。情横于内而性伏，必外寓于物而后遣；寓久则溺，以为当然，非胜是而易之，则悲而不开。惟仕宦溺人为至深，古之才哲君子，有一失而至于死者多矣。是未知所以自胜之道。予既废而获斯境，安于冲旷，不与众驱，因之复能乎内外失得之原。沃然有得，笑闵万古，尚未能忘其所寓目，用是以为胜焉。

苏舜钦用了欧阳脩和苏东坡都用过的“寓”字。他还描述了一个和苏东坡描述过的一模一样的过程：如果一个人浸淫于某物太久，就会为其所吞灭。但在苏舜钦这里，此物不是书、画或其他奇珍异宝，而是王朝体制本身：“寓久则溺，以为当然。”只有被驱逐出了政治体制，获得了“悉为己有”的一个空间后，他才得以反思从前生活中的那种压迫性。他不必为“独乐”寻找合理的理由——他已经被官府拒之门外，亦无“野老”来访，如今是在与“鱼鸟”共乐。

尽管私有产权和对奇珍异宝的痴迷自 11 世纪中期就开始引发讨论，但“独乐”——即将他人排除在外的权利——直到司马光 1073 年在他的花园记中明确提出这一理念后才成为一个问题。此理念一经提出，私有产权之乐带给人的不安感便开始为这种乐寻求合理的解释。

朱长文（1039—1098）1080 年有一篇《乐圃记》，写的是他在苏州的园林。[11] 和苏舜钦的沧浪亭一样，朱长文的园子也建在某五代园林的遗址上，不过这里一直有平民居住，已经住了好几代人。之后这块地被朱长文的祖母买下，传到他手上已经是第三代的家族产业。这篇记同样是围绕“乐”的问题展开——不是在仕宦生涯中得到的乐，而是从他的花园里得到的乐。和司马光一样，朱长文的生活也是由读书和园艺两部分构

〔11〕《全宋文》，第 93 册，第 160—162 页。

成。但和苏舜钦《沧浪亭记》不同的是，朱长文在《乐圃记》中必须为他的乐寻找合理的理由。就他的情况而言，家庭给了他逃脱“独乐”指责的理由。家里的兄弟和儿孙都要“学于斯、食于斯，是亦足以为乐矣，予岂能独乐哉”。

接下来要讨论的这篇记讲了一个极有意思的故事，在金钱交易之外另加了一层更深刻的东西来宣示所有权。这就是著名学者沈括（1031—1095）所作的《梦溪自记》。[12]这篇文章给标准的园林记或亭台楼阁记套上了一个有关梦和美梦成真的叙事框架，还提到了买卖过程中的某个商业奇招。

沈括在文章开头描述了他曾在1060年反复梦到但从未亲见过的一处景致，“梦中乐之，将谋居焉”。反复出现的梦境让他对这个地方变得熟悉起来，以至“习之如平生之游”。1077年，也就是梦境出现之后的第十七年，沈括丢掉了京官职位，来到宣城任知州。他在此遇到一个叫无外的和尚，无外跟他描述了在京口一处风景如画的别业，说这块地恰好在出售。听了和尚的话，沈括在没有见过实地的情况下出资三十万买了下来，之后从没来看过他买的这处产业，甚至不知道此地具体在哪儿：“翁以钱三十万得之，然未知圃之所在。”

1084年，沈括遭贬窜，计划着要在浔阳终老，但1086年

〔12〕本文见于阮元进奏、俞希鲁纂《镇江志》（续修四库全书，卷698），不见于《长兴集》或《全宋文》。南宋末《京口耆旧传》的沈括传中有对此文的概述。

的一次旅行把他带到了京口，他终于去看了很久以前买下的那处产业。这不出所料就是他1060年梦到过的那片山水，于是他决定在此住下来，并取名“梦溪”，也就是他有名的那本书《梦溪笔谈》中的“梦溪”。如他自己所言，“吾缘在是矣”。讲完这个故事，他按记文写作的常规操作，一一介绍了别业中各处景致的名字。

沈括在梦溪也达到了“独乐”的境地，却丝毫不被1073年困扰过司马光的那些有关私有权的问题所困扰。我们可以留意一下他是如何做到这一点的：不是他要“独乐”，而是其他人都不肯来他的别业：“居在城邑而荒芜古木与鹿豕杂处，客有至者，皆颦额而去，而翁独乐焉。”

和其他很多记文一样，沈括在《梦溪自记》中描述了他如何买下中意的产业，但他给这种所得及其所有权安上了“命运”的大叙事框架。由于其他人都拒绝来访，他不用刻意寻求便能享受到“独乐”。他这里所说的“缘”，意思非常特别——不是指命运的起伏，不是指天将降大任于斯人的宿命，也不是指命中注定要遇见某人的缘分；而是获得某块地产并乐在其中，这份“缘”已经在梦境中向他反复透露过了。

此前我们讨论过“活问题”这一理念。很多文本的焦点都是“所有权”（尤其是土地所有权），以及如程颐所说的，身处自家园圃的那种“乐”（或者说，不请自来而踏入他人园圃中的那种不安）。我们可以看到，语出《孟子》的“独乐”，是如何作为一个共鸣性的语汇、通过四处流传的文本被掷入士人圈子中，继而被动辄复现的咎责所“激活”的；这种咎责或是被直接写进了文本，或是以一种含蓄自辩的方式出现，预先做出了抵御。但是，“独乐”在《孟子》中原是在谈听音乐时提及的，可到了11世纪的这些文本中却被用在了讨论园林或奇石之类的事上，跟私有产权和排他性的权力（若是其他人说他们对来访没兴趣则可以避开不谈这个问题）纠葛在了一起。

如果按时间顺序梳理一下这些文本，我们会发现，私有产权的问题在欧阳脩滁州的几篇记文中还没有直接显现，那几篇记文谈的主要还是公共空间及其与王朝秩序的关系。但私人产业距离那个公共空间已经不远了。欧阳脩将他对那位五代将军宅邸的幻想投射在了一块无主或主权不明的土地上。私产正偷偷潜入那个空间，掠走无人看管的石头。欧阳脩在后文中引了晋惠帝那个有名的典故，典故本身是用虾蟆“为官为私”的问题表现惠帝的愚蒙，但欧阳脩问的是那座废弃宅院中的名石到底是属官还是属私，这样一问，这个问题就不再是个蠢问题了。石头的收藏家们把石头搬离了庭院，把它们变成了“私石”。欧阳脩将剩下的石头恢复原状，称为“官家”之石。最耐人寻味的是，他也从一户平民人家中拿走了一块比较小的石头，一块“私家”之石。这对他来说不是什么难事，因为小石头的所有者不是士绅而是个平民，但这仍然会让那些相信私有产权不可侵犯的人感到一丝寒意。

与欧阳脩滁州系列记文差不多创作于同一时期的《沧浪亭记》，关注的是获得私有产业的过程，苏舜钦尽管把他的园子描写得像是一个“独乐”的去处，却没有做出“独乐”的正式宣告。《孟子》中那段有名的文字的确回响在背景音中：无人来访，他只好与鱼鸟“同乐”。当贬低自己的产业或假定自家产业会被其他人嫌弃，成为人们最常使用的抵御“独乐”之批判的手段时，苏舜钦早在1045年的这篇记文就成了一个具有启发性的范本，因为文章把他孤身一人、被当地人拒斥的经历和他丢官的经历放在了一起，暗示这二者之间的平行呼应。他的辩护所回应的，并不是针对他将众人摒除在外而显得自私的那种批评。

但后来当“独乐”成为一个问题的时候，将他人摒除在外就变成了症结所在。苏舜钦很难称得上是那个时代最有天分的作家，但他有一个在宋代的语境中极其独特的长处：对有些事，其他人只会优雅或间接地点到为止，他却能做到赤裸裸地坦率直白。被免官之后他找到了些许的平静，开始回顾他短暂的职业生涯。一开始只是泛泛而谈执着于外物可能会毁掉一个人，但最后却揭示说，会毁掉一个人的恰恰是仕宦生活本身：

> 情横于内而性伏，必外寓于物而后遣；寓久则溺，以为当然，非胜是而易之，则悲而不开。惟仕宦溺人为至深。

“寓”字此处是指出仕。苏东坡曾在暂寓于物与寓物过深以至溺于物之间做过一个类似的区分；但对苏东坡来说，所“寓”的不是仕途，而是书、艺术品，以及各种所有物。

在1070年的《六一居士传》中，欧阳脩的“客”提出了一个关于所有权的批评，苏东坡后来对此做了回应，为《六一居士传》辩护。因为执着于物，物的所有者反而为物所有。在《六一居士传》中，欧阳脩和苏舜钦一样，认为出仕为官不过是种束缚。而以最戏剧化的方式领悟到为官是种束缚这一教训的，是苏东坡本人；但私有权的问题成了讨论主题，出仕的问题却陷入沉默，无人问津。

我们正在渐渐滑向“出”“处”之间的古老对立，但伴随而来的还有一种独特的宋代式的扭曲。它对出仕的批评甚至憎恶更为迫切；虽然这和11世纪后期丑恶的党争肯定不无关系，但这种批评并非偶然或仅仅关乎一时一地。正如陶渊明在几百年前说过的那样，做官使人不快乐。或许我们应该把欧阳脩在滁州系列记文中对众乐的不断宣扬放在这样一个背景下去读，同时留意他文中对陶渊明做出的那种很成问题的呼应。

无论被削官还是退休，只要处于不仕的状态，就变得总会和所有权的问题产生纠葛。通常情况下牵涉的是某处园子的所有权，但对于一直沉浮于宦海的苏东坡来说，他想拥有的是小石林中的一处微缩风景，其间布满了小洞，通向另一片天地。这就让人再次想起了陶渊明的“桃花源”，那是只有通过某一个洞穴才能到达的地方。

在“桃花源的长官”一章中，我们将王朝看作一个由名字组成的结构，王朝中的每个地方由此成为整体的一部分。私人园林与陶渊明的桃花源并不类似，因为它不是未被收入版图、隐身于王朝内部的一个空间，而是王朝本身的迷你版。不过，二者之间的确存在一个共同点：其栖居者（或者说，独居而快乐的栖居者）都是从王朝中逃离出来的人。对苏舜钦而言，那是一个他得以身处其间对王朝和公职生涯进行批判性反思的自由空间。在苏东坡，朝廷若能对他放手，仇池石的微型山水就会是他的逃匿之所。司马光和沈括是自己选择了去职。在王安石及其党羽治下的高压环境中，对政治体制三缄其口不做评判是明智的选择。私家园林是个矛盾的空间，既是王朝的一个小翻版，又是逃离王朝后的去处和王朝之外的另一种选择。受《孟子》的启发，黄庭坚会重新把私家园林想象为重建政体之地。

5 石自副其名

所有物即为奴者。他们会被转手。他们不言不语。“壶中九华”先是被郭祥正从苏东坡那里拿走了，后来又被收藏家宋徽宗取去，多半放在了皇家园林艮岳中。[1]女真人围攻都城的时候，这块石头很有可能被当成石弩的弹子掷向了敌军。[2]这就是“尤物”的命运。

> 夫刍狗之未陈也，盛以箧衍，巾以文绣，尸祝斋戒以将之。及其已陈也，行者践其首脊，苏者取而爨之而已。
>
> 《庄子·天运》

> 天地不仁，以万物为刍狗。圣人不仁，以百姓为刍狗。
>
> 《老子》

---

〔1〕 朱彧:《萍州可谈》;《全宋笔记》第二辑，大象出版社，2006年，卷6，第160页。

〔2〕 伊佩霞（Patricia Buckley Ebrey），*Emperor Huizong*（Cambridge, Mass: Harvard University Press, 2014），p. 451。

菱溪的最后一块石头，偃然倒卧，因为太大，直到太守欧阳修来了才得以召集更大的力量把它搬走。夺走“壶中九华”的一开始是某个富人，后来是看上去最“有力者”的皇帝。再后来，当皇帝被更有力者持去，“壶中九华”或许就在徒劳的守城之战中粉身碎骨了。还有一块大到无法被持去的石头，就是黄庭坚笔下难席卷的“霜钟”：石钟山。

苏东坡的《石钟山记》几乎成了宋人质疑既成文本观念、喜欢以当代视角加以重新考量和验证的流程式操作，而且这样一个通过实证调查的方式修正传统认知的故事也确实构成了本文明晰的叙事框架。正如宋代经学所示，历史上传下来的文本信息有可能被证明是错谬甚至荒谬的。苏东坡以疑经的精神查考石钟山之名的来历，先是批判了前人的说法，然后通过观察找到了那个在他看来显而易见的答案。准备去湖口（今属江西）之前，他读了一些有关此地的记载。《石钟山记》第一段写的就是传统上关于山名的几种说法：

> 《水经》云：彭蠡之口，有石钟山焉。郦元以为下临深潭，微风鼓浪，水石相搏，声如洪钟。是说也，人常疑之。今以钟磬置水中，虽大风浪，不能鸣也，而况石乎？至唐李渤始访其遗踪，得双石于潭上，扣而聆之，南声函胡，北音清越，枹止响腾，余韵徐歇，自以为得之矣。然是说也，余尤疑之。石之铿然有声者，所在皆是也，而此

独以钟名，何哉？

文章结尾抒发了自豪之情，也抒发了依靠实证和理性的力量发现真相的文化自信：

“事不目见耳闻，而臆断其有无，可乎？”……士大夫终不肯以小舟夜泊绝壁之下，故莫能知。而渔工水师，虽知而不能言。此世所以不传也。

苏东坡这么说，对郦道元（470—527）有点不公平，因为郦没法亲临石钟山做考察。身为南北分裂时期北魏忠顺的臣民，郦道元不可能深入敌国梁朝的腹地去勘探对方的水道。但苏东坡批评的大旨是对的：郦道元只是简单复述了他看到的书本知识，对文本权威不加审视的依赖导致了以讹传讹、错上加错，这种问题在一个保守的群体环境中会更严重，因为任何挑战文本权威的异议都会引发怨怒。就这个具体案例而言，郦道元并没做错什么；他只是知道得不够多，没法更清楚地解释“石钟”的现象。

《石钟山记》一开篇写了传统的书本知识和苏东坡对这些说法的质疑。他应该是在实地造访石钟山之前就知道了这些说法，这是一次计划中的与长子苏迈同行的旅程，动身之前多半已经读过了相关文献。苏东坡接着写道：

元丰七年六月丁丑，余自齐安舟行适临汝，而长子迈将赴饶之德兴尉，送之至湖口，因得观所谓石钟者。寺僧使小童持斧，于乱石间择其一二扣之，硿硿焉，余固笑而不信也。

苏东坡记录下了时间和情境，以便让叙事感觉更真实。“所谓石钟者”的限定性表达让读者知道他是带着疑问来的，想要亲眼看看。他将要见到的和现代游客看到的一样，与其说那是一座“山”，不如说是矗立在湖中的一个石丘。这两位到访的游客问起山名，然后被带到了当地一间佛寺，寺僧敲了敲地上的几块石头，向他们演示了“石钟山”一词来历的民间说法。我们可以合理怀疑和尚们长久以来都是这么跟游客演示的，这是化缘布施的一种方式。我们甚至可以怀疑9世纪时李渤的说法就是这么来的。

至暮夜月明，独与迈乘小舟至绝壁下，大石侧立千仞，如猛兽奇鬼，森然欲搏人。而山上栖鹘，闻人声亦惊起，磔磔云霄间。又有若老人咳且笑于山谷中者，或曰，此鹳鹤也。余方心动欲还，而大声发于水上。

文章行至此处，并没有说苏东坡父子的月夜之行是为了探寻山名的由来。他们似乎只是路过湖口，想要更切近地看看石钟。他们一开始发现的并不是山名来历的实证，而是一个若隐若现的谜团，中有月夜下的猛兽奇鬼。这是个凶险的场景，和文章开头与结尾的自信格格不入。

栖鹘突然飞起的动静让他们一惊，苏东坡做了一个符合经验的合理解释，借此控制自己惊慌的情绪：“（栖鹘）闻人声亦惊起。”然而，又有另一个更神秘、更无法解释的声音闯了进来，他只能凭猜测：“若老人咳且笑于山谷中者，或曰此鹳鹤也。”

这段话才是这篇文章真正有意思的核心所在。对实证的推举依然是本文想传达的教导，但如果缺了上面这一段，文章就会显得自鸣得意又乏味无聊。正是这一段让本文有了良玉之声，当壶中九华和苏东坡本人都已不在，它依然可以被黄庭坚用铁锥清越地敲响，发出美妙的、余音绕梁的应和。

但是，这个凶险怪异的瞬间与宣扬实证调查有什么关系？我们要注意到这一点：苏东坡不是通过调查发现山名的来历的，他会找到答案是因为在那个谜一样的瞬间，石头发出了音乐声。

> 而大声发于水上，噌吰如钟鼓不绝，舟人大恐。徐而察之，则山下皆石穴罅，不知其浅深，微波入焉，涵澹澎湃而为此也。舟回至两山间，将入港口，有大石当中流，可坐百人，空中而多窍，与风水相吞吐，有窾坎镗鞳之

声，与向之噌吰者相应，如乐作焉。因笑谓迈曰："汝识之乎？噌吰者，周景王之无射也。窾坎镗鞳者，魏献子之歌钟也。古之人不余欺也。"

"有若老人咳且笑"的鹳鹤叫声消融进一阵大得多的声响中，这是水波在石的声响，山即因此得名。鹳鹤的声音意味着周围是一片静默。或许是石中的水浪刚刚开始响，或许是因为屏气凝神地聆听，苏东坡这才注意到了水声。他之所以会有那个引以为傲的发现，是因为受了惊吓；在他平复惊慌的情绪时，在他将注意力转移到怪声消退后的新声音上时，他有了那个发现——这发现本身是个偶然。

这是一篇终结于对确知的欢庆的文章，但文章中心的那种神秘感却来自某个不确定的瞬间。和栖鹘突然飞起让人感到的惊异不同，回响在山谷中的怪声，它是怎么来的？它是什么？这些都不确定。"或曰此鹳鹤也"，这是**谁**曰的呢？或许苏东坡把这段经历告诉了什么人，那人说会发出像"老人咳且笑"的声音的鸟是鹳鹤。半夜三更的，那只鸟在那儿做什么？这中间有个谜，透着鬼气怪异。峭壁上如猛兽奇鬼的大石头可以有个解释，但它们在苏东坡心神上产生的效果却比这解释更直接；惊起的栖鹘可以有个解释，而且文中确实也解释了，但这个解释是在"惊"之后发生的——特别是紧接着"森然欲搏人"这句之后。当下里充满着威胁与恐怖感。

苏东坡不太承认他被吓到了。他只说黑暗中巨石的样子很可怕，承认自己“心动”。听到石头穴罅中的噌吰声，“舟人大恐”。但随后我们得知，“而渔工水师，虽知而不能言”。对未知事物的恐惧——也即占据本文中心的东西——最终转到了一般士大夫的身上，苏东坡说他们“终不肯”在月夜乘小舟前来探访。

一如文中有“恐”，文中亦有“笑”，这笑是出于优越感：或是因自己了解了真相而笑，或是因他人未能了解真相而嘲笑。有三处笑都来自苏东坡本人。他第一次笑是在当地僧人持斧叩石时。第二次笑是在他解释水声如何像古代钟鼓乐声时：“因笑谓迈曰：‘汝识之乎？噌吰者，周景王之无射也。窾坎镗鞳者，魏献子之歌钟也。古之人不余欺也。’”这篇始于质疑文本权威的文章最后又重新确认了“古之人不余欺”的文本权威。最后一次笑纯粹是嘲笑；一旦相信自己弄懂了山名真正的来历，他便总结道：“是以记之，盖叹郦元之简，而笑李渤之陋也。”

但文中当然还有另外一次笑：黑暗中那只不知名的鸟发出的“若老人咳且笑”的声音。这个声音刚一出现，苏东坡就平复了惊慌；他控制住自己，开始做考究，然后自信地讲出了他的发现。我们不能肯定地说苏东坡觉得那个笑声是在笑他自己，但文中语气的突然转变透露出些许这个意思。

或许我应该说得更明确一些，三次都是苏东坡自己在笑：

或是嘲笑别人，或是表达他在弄明白别人都没弄明白的事之后的喜悦。只有一次，这笑是来自外界，出现在苏东坡就快要承认他被吓到的时候。但笑声响起之后，他立马控制住了自己。一个大作家在写自己的笑的同时，也必须包括这样一个瞬间。

17 世纪的评论家林云铭虽然也和郦道元一样犯了过于粗疏的毛病，但他也对暗夜行舟这段做了点评[3]：

> 惊起者可以望见，则直言栖鹘，咳笑者之为鹳鹤未必果确，故借或曰二字，写出何等活动。此处忽撰寂寥动魂奇景，人以为妆点闲话，不知为下文心动张本，且伏末段士大夫不肯泊舟之脉，针缘甚密。

林云铭用丰富的 17 世纪文学批评术语做了一番非常接近于西方“新批评”的解读，试图将文中的每一部分都调和进一个美学的整体。不过，他没说清楚这一段如何引出了后面的结论，虽然他有不错的直觉，意识到当下这个瞬间和那个充满自信的结尾是以某种方式联系在一起的。

如果林云铭想要展示的是文本的通贯一体，那么当代文学批评所关注的一些问题则会让林云铭的这个努力显得耐人寻味。林云铭挑出的“针缘甚密”、体现了本文通贯一体的那

〔3〕 林云铭：《古文析义》，台北广文书局，1976 年，第 312—314 页。

段，恰恰就给这种通贯一体性带来了问题，而这一点林云铭自己也提到了。如果我们从广义上谈论“理解”，那么《石钟山记》本身就是关于“理解”的：文首文尾都充满了自信，中间却夹着一个无法被完全理解的时刻，让一向自信的苏东坡感到“心动”焦虑。文本成为一个过程，一个举动；对经验知识的自信是努力赢来的，不是理所当然水到渠成就有了的。

这是一个很“宋代”的时刻：清理掉传统的沉渣与其谬误，以及无脑的重复，用心探究和感知世界之本然；在冥昧中发现世界的形而下本质，而不是南朝山水诗文所呈现的那种超越性真理。在《石钟山记》中，世界的形而下本质是由古代音乐的回归体现和传达的。一个人以经验性的方式去探究事物何以如此，却从中重新发现了上古时代。“乐”是个多音字，作 yuè 时表音乐，作 lè 时表快乐；关于这两种意思间的交互演绎由来已久。在本章后面的部分我们便会看到古时之“乐”（lè）如何回归到了宋代的当下之“乐”（yuè）。

如果《石钟山记》仅仅是要传达一个质疑文本传统的教导，告诉人们必须通过经验性的调研来实现对事物的正确理解，那苏东坡其实可以略去阴森的山、惊起的鹘，以及不知名的鸟的叫声。删掉这段很容易，删掉后还会让文本变得极其贯通（但意趣会减少）。整篇文章的朝向是去探寻石钟山之名来历的确解，但这段文字打“断”了文本的这种线性运动，它构成了线性文本中的一个“洞”，一个“缝”，恰如石钟山本身的穴罅，也即“石钟”之名的隐秘来源。而许诺世界可由智识而知的儒家，恰是以“正名”来实现这种许诺的。

在文章最后，苏东坡向我们坦言，他的发现渔工水师们早就知道了。他们当然知道。他只消一问，便不会有这篇文章了。但那些渔工水师们应该是讲“方言”的，我们完全不清楚苏东坡是否问过他们石钟山之名的出来，抑或是否听懂了他们的回答。正如欧阳脩在王朝的舆图中定位了滁州，苏东坡也让王朝知道了石钟山之名，填补了王朝地名图中一个存疑的空白。

这类描述某地的“记”文中往往存在着一个显著的怪异之处，一种通常不会被，也不必被说出来的东西：“士大夫终不肯以小舟夜泊绝壁之下，故莫能知。”我们不妨再重申一下本书讨论的这些记文透露出的主旨：“关键就在于排他性。”正如司马光的园子集合了他所有的个人经验，因此“悉为其有”，苏东坡的发现也是“悉为其有”。

苏东坡途经壶口的时候还做了另一件令人瞩目的事。他为自己的石头收藏找到了一块奇石，名之曰“壶中九华”。在黄庭坚的诗中，石钟山也是这样一块总会和苏东坡的名文绑定在一起的石头。苏东坡之前曾为一块无名的石头赋名，这块石头后来被人持走，但他何尝没有在石钟山上写下自己的名字呢——他“签名”也“签署”了它。直到今天，但凡造访石钟山甚至只是说到石钟山，人们都一定会提及苏东坡之名和他的这篇记文。石钟山成了一座无法神隐的山。

“壶中九华”可能本身就是块不错的石头，形状有趣，中有峰峦洞穴各居其所。它原本应该就能卖个不错的价钱。但它之所以会获得超高溢价，是因为它是一块被赋名的石头，而且最重要的是，赋之以名的人是苏东坡。它带上了他象征性的签名，这签名价值连城。即便在金人围攻汴京时它曾栖身于宋兵弩炮的“壶”中，若旁边站了一位读书人（当然我觉得不太可能），他也多半会说：“这是苏东坡的‘壶中九华’！”或许这块石头最终在金兵的阵营中碎成了齑粉，但“壶中九华”之名会流传下去，也一直会有苏东坡自己的名字书于其上。赵师岩后来声称他在皇家园林的废墟中找到了苏东坡的仇池石并带到了南方，这有可能是真的。但应该还有另一种可能性：仇池之名已离了原石，找到了新石以寄其名。[4]“名”，以及与之相伴的签书，比石头本身要耐久得多；承载声望和金钱价值的是名，不是石。

当我们意识到了园林的周围环绕着一个商业世界，我们读司马光《独乐园记》时就会有更深刻的理解。司马光的记述中有两面：一方面是对某一套价值观的标榜，另一方面也是为增加园子的文化价值而做的广告，而对文化价值的宣扬反过来又会增加园子的商业价值。儒家知识分子越是被这个商业价值的

---

〔4〕 参见杨晓山 *Metamorphosis of the Private Sphere*, p. 196。比起笔者，杨晓山更加确定这些就是仇池石的原石。

世界围拢挤压，就越是公开地表达对它的不屑。但它日渐成为他们世界的一部分，无可逃遁。他们为自己构建出了戏剧性的孤隐空间，但这些地方都所费不菲。我们由此也开始知道什么东西值多少钱：苏州古城边上的一块地价值四万钱，京口城里的一块地三万钱，一座井亭十千钱。这些钱都从哪儿来的呢？这一切都是为了什么？人能买到“乐”或者买到一处能让他乐在其中的居址吗？人能用钱重建某个古迹、买到一块像周文王灵台那样的众乐之所吗？想要实现这种原初的众乐景象，我们大概必得追着钱的轨迹去寻绎。

如果有人像欧阳脩那样碰巧是滁州刺史，那靠着这个职位他或许就能得到足够的好处过上一种悠游的生活，不过我们对当时人俸禄和生活成本之间的关系并不完全了解，对于他们外快和额外收入的考虑就更少。我们知道在唐代，赞助人通常是通过礼物赠送和政治支持的方式来为受赞助人提供收入。但在宋代，赞助似乎主要就是政治支持，礼物赠送只作为补充。不过，宋人有另一个重要的收入来源：散文写作。

你得为朋友、为显赫的官员写文章。很多散文都是为了应承社交义务或实现个人满足而作，但散文写作同时也是一个潜在的重要收入来源。苏东坡不愿意写墓志铭其实是个非同寻常的决定[5]，其后果就是失去一宗稳定的进项。至少从唐代开

〔5〕 苏东坡的确写过一些祭文，但他明确表示过自己不喜作祭文。见《祭张文定公》（其二），《苏轼全集校注》，第 7035 页。

始，这一直是古文写作最基本的事实要素之一，但大多数文学史都不会讲到这一点。只有那些最接地气的唐代作家，比如白居易，才会告诉你他给最亲密的朋友元稹写墓志铭拿了多少钱——很大一笔钱——而他之所以会告诉我们，多半只是因为他后来把这笔钱捐给了一家寺院。

假设你是 1090 年前后生活在汴京的一位著名文人，你的名声 / 名号就是你的资本，它具有交换价值——你会接连不断地收到作文的邀约。这类写作的报酬会成为你主要的收入来源。现在设想你收到了一封邀请信，四川的某位富商请你给他新造的亭子写一篇记文。出自名家的记文自有光环加身，这位叫韩渐的四川商人想要的显然就是这种光环。〔6〕你会在什么情况下答应他的请求呢？非常大的可能性是，富商或者已随邀请信附上了酬金或等价的礼品，或者应允会给，再或者你默认会有一大笔酬劳。很显然，这中间牵扯到钱（或与钱等价的财物）；但文人们按理来说不可以谈论作文收钱或收重礼这些事。这一现实的真相是被压制的。当有些东西在文本之外受到压制时，它往往会以另一种方式在文本内部实现回归。可以想见，我们这位接受了富商请求的文人将会在文中提及富商一掷

〔6〕 另外黄庭坚还有给韩渐的一首诗，在一封信中也提到过韩渐。这封信是他写给韩渐的兄弟的，他们显然互相认识，黄此前还回过他一封信。参见刘琳、李勇先、王蓉贵点校：《黄庭坚全集》，四川大学出版社，2001 年，卷 3，第 1297 页、第 1378 页。

千金的慷慨。他那篇文章的确也是这么写的。

上述讨论情景中的这位文人就是黄庭坚。他这篇记文的写作时间无法确考，约略在 1086 至 1093 年。但可以确知的是，此前不久，已经有一批以“乐”为中心议题的园林记名篇出现，构成了这篇记文的文本前史。作为这一文本家族中的后继者，黄庭坚是在“为”韩渐写作，但他同时也在回应文本家族中已有的那些文本。

比起我们前面讨论过的记文名篇，《松菊亭记》的知名度要小得多。有人会说这篇文章不那么有名是因为它在文学造诣上可圈点的地方不多，但它之所以比较遭人轻视，还有另一个不可否认的重要因素：它离商贾的世界太近了，读起来不免让君子们感到不适。和此前的许多记文类似，《松菊亭记》也关注乐之、有之、名之的诸多问题；而且它比我们迄今为止讨论过的任何一篇文章都更趋近于那种调和的状态：对经典价值与宋代新世界的调和。只不过，它的接受者和核心人物——那个被鼓励去耗散资财的人——是个商人。

在黄庭坚的时代，以毕生时间研读前代文献是一种资本，学识得以聚沙成塔，形成学业的“仓储”。韩渐是在用他的资本，即钱财，购买黄庭坚学业仓储的使用券。黄庭坚在记文中提到的那些前代文献韩渐未必都懂，但他之所以肯花钱，恰恰就是为了黄庭坚用典的能力。商人购买的是文化名望，但在这场交易中，文人必须同时在经典的价值体系和当下的价值话语中为商人求得一席之地。黄庭坚在《松菊亭记》中正是这么做的，而且完成得极富天分。

一个文明最有力的话语体系，或许就在于它在正常状态下为具有社会流动性的精英阶层所提供的一系列合法的人生选择——这些选择的性质是什么，范围有多大。在选择做官还是做农夫的问题上，陶渊明本人的态度一点都不含糊；他要做“农夫”——也就是“庄稼人”，这是一种职业而非阶层，它意味着必须接受靠天吃饭的农耕生活中的种种不确定性和时时存在的挨饿的风险。陶渊明做出了他的选择，承担了农人生活中的忧虑，也亲身体验了这种生活的艰辛。但在精英阶层对其形象的檃栝中，陶渊明被重新归类为“隐士”，因为“隐士”属于精英阶层人生选择中的一个合法选项，“农夫”却不是。“隐士”一类的人可以选择斋戒，但他们一般不会为了没有保障的那点收成而下地劳动。唐代的情况亦是如此：身为精英阶层的一员，一个人的人生选择也只在“出”（做官）“处”（做隐士）二元之间。做“隐士”在唐代不过是一种说法而已，用来指称那些在朝中没有官职或无意在朝中谋求官职的人。而到了宋代，“隐士”作为一种想象中的可能性，其旧有意味虽然还未完全消失，但已经隐入了背景之中。

《松菊亭记》在这个问题上则给出了三元的可选项，深刻地改变了旧有的二元选择结构：

期于名者入朝，期于利者适市，期于道者何之哉？反诸身而已。

尽管这些新选择是适用于宋代的新世界及其日益商业化的社会的，学富五车的黄庭坚还是以一个典故开头，引用了战国辩士张仪的一句名言："争名者于朝，争利者于市。"有了《战国策》的典故做铺垫，黄庭坚便为韩渐这样的商人打开了一个空间。第三种选择，即对"道"的选择，须把"争"换成"期于"（因为你不能说"争道者"）。但由于这段话的措辞，商人们有了和官员们一样的"期于道"的选择。对于那些想要把此一表述与前代的士人价值观相调和的人来说，这段话是令人震惊的；与此同时，这段话又与宋代社会和思想生活中正在发生的事契合一致。如果说前代的选择是"仕""隐"之间的二选一，选哪一条路都可被称为得道、有道。这段表述既不指望商人去追寻道，也不想看到在朝廷等级序列中依序升迁的官员被排除在道之外。这是个确凿有力的提醒：新生之际的道学自认是不依赖于仕宦之路的，这和后来官方化的道学有很大区别。在黄庭坚的三选一结构中，"入朝"只是为了沽名（name）钓誉（fame），而并非一个合乎道德的选项。

黄庭坚不仅为以适市从商为生打开了空间，而且他也不再视入朝从政为一种德业，不再视之为求道的一部分。在这里，公共生活的逐“名”和商人的逐“利”彼此齐衡，拒此二端转而求道者即是不慕“名利”之人（拒绝名利是孟子儒学中的既定价值理念）。由此，黄庭坚的表述呈现出了一个微妙但关键的变化：志于道者不会再关心“名利”，一个人在了解了“名利”的束缚之后才会进入求道的人生新阶段。为官或为商，在黄庭坚这里是可以互替的两个对等项。“期于道者”作为第三种选择也当有所“行动”（如同“入朝”或“适市”这类的“行动”），但问题是：“何之哉？”最后这个选项的行动与其他两项不同，它是要“反诸身而已”。在这一新的人生路径选项结构中，你或可入朝求名，或可适市聚财，或可以身习道。前两种是外求的行动，第三种则是反身向内。

注意一下黄庭坚的措辞。在给出了第一个三元选项结构后，他紧接着给出了第二个三元选项结构：

> 钟鼓管弦以饰喜；铁钺干戈以饰怒；山川松菊，所以饰燕闲者哉！贵者知轩冕之不可认而有，收其余日以就闲者矣；富者知金玉之不可守而有，收其余力以就闲者矣。

第二个三元选项结构中的三个概念是喜、怒、闲。第三个概念享有和前两个概念不同的地位；前两个概念是二元对立的一组字词（名—利，喜—怒），是要被第三个概念超越的。第二个三元选项结构中的这第三个概念“闲”，对应的是第一个三元选项结构中的“道”，与“闲”相关的是“松”与“菊”，也即韩渐亭名中的两个字。该名取自陶渊明的《归去来辞》：“三径就荒，松菊犹存”，讲的是要“归去”的人生晚境。在第一个三元选项结构中，“朝”“市”“道”是平行的三个选项；但在这里，“闲”显然是一个后来的选择，是一个人在经历了另两条路的幻灭或倦怠之后的选择。这是构想人生的一种新方式：年轻时奋力追求各种目标，或求官或求财；老了之后则以“余力”以“就闲”。

至此便说到了韩渐，一个年事已高、将要归闲的老翁：

> 蜀人韩渐正翁，有范蠡、计然之策，有白圭、猗顿之材，无所用于世，而用于其楮中，更三十年而富百倍。

除了白圭和猗顿这两个著名的古代商人，范蠡和他传说中的老师计然也在黄庭坚的典范选取之列。范蠡的例子尤其值得玩味。在文学典故中，范蠡常以越王辅佐者的形象出现，他定计帮越王打败了吴国；事成之后拒绝了越王的厚赏，隐游于东南湖上。但通常的文学典故几乎从来不会提及他放弃越王所赐之后、退而幽居漂泊之前的那段人生经历，即，他是如何成为一个成功的商人的。范蠡的确做到了“有所用于世”。韩渐对范蠡的故事想必是有所了解的——知道他在政治上的成功，也知道他后来的功成身退；但他可能并不知道范蠡曾经是个商人。韩渐确实应该感激黄庭坚的学识：黄庭坚举出了一个兼具政治家才能和商人才能的最佳范例。如果韩渐没有“用于世”，那是朝廷之失；但一旦积聚够了财富，他就应该“收其余力以就闲”。

接下来，黄庭坚转向了“松菊亭”，亭名透露着士绅幽隐的意味。这就回到了他提出的那个选择范式：“韩子真知金玉之不可守，欲收其余力而就闲。”而当他反过来问韩渐将要如何使用这个亭子时，他所拥有的那种文人的社会权威也自然显现了出来：“予今将问子，斯堂之作，将以歌舞乎？将以研桑乎？”

行文至此我们便当意识到，这里讨论的已经是一个非常复杂精微的世界了。正如在我们自己所处的世界里一样，为“乐”之所不是用来逃避权与力的角持的，而是用来更好地进行这种权与力的角持的。那些“期于名者入朝”的官员，他们的宴会上上演的肯定也是类似情形。这是一种文化范式的转换：此前是仕与不仕的二元对立，此后则是为名利而行事与为行事而行事之间的二元对立。

有各种各样的词汇概念可以用来与“名利”（涵盖了为官从政和商业活动）构成二元对立：它可以是“道”，可以是“闲”，甚至可以是“歌舞”。这就是我们所谓的“否定之一统”，即，彼此迥异的各种现象可以因它们对另一存在的否定而统一起来。在“否定之一统”中，原本被当作非常不同甚至相反的概念将会联合为一体——一般而言，求道是不会和漂亮的妙龄歌女、舞女联系在一起的。

接下来的一段文字非比寻常，文化范式的转换从中可见一斑。首先是对经典价值的重申，《孟子》中“独乐”相对于“与众乐”的老问题被再次提及。《孟子》原文谈的是享受音“乐”（yuè），而“乐”字本身带有独特的古典印记；黄庭坚则用一个当代词“歌舞”置换了属于古典语汇的“乐”字，“歌舞”一词非但没有古典印记，而且还暗示了某种屡遭诟病的感官快感。

> 将以歌舞，则独歌舞而乐，不若与人乐之；与少歌舞而乐，不若与众乐之。

鼓励一个四川中老年商人去享受“歌舞”，还变换了措辞让这种鼓励带有古典权威的回响——这不免令人讶异、引人莞尔，但更令人讶异的还在后面。孟子对战国时代王公独特的教诲方式现在被转移到了地方社会中的一个有钱人身上。道德责任感不再是家国的专属特权，它现在被授予了社区中包括商人在内的“头等公民”们。

> 夫歌舞者岂可以乐此哉！恤饥问寒以拊孤，折券弃责

以拊贫，冠婚丧葬以拊宗，补耕助敛以拊客，如是则歌舞于堂，人皆粲然相视，曰：韩正翁而能乐之乎！

如今取代了周文王位置的是富商韩渐，他不再是一国之主，而是本地一位用心解决身边当务之急、与人同乐和共享财富的慈善家。正如孟子对梁惠王所言，“君”之乐是通过他身边的“民”之乐以及“民”乐于君之所乐而实现的。《醉翁亭记》中的太守还在通过讲述他以当地民众之乐为己乐来表明他与当地人的差别，但他的这种乐并不为当地民众所知；《松菊亭记》则已经超越了这种表述。在这里，当地人是因见到了老翁韩渐自己乐在其中而感到快乐。黄庭坚应该是读过《醉翁亭记》的，因此肯定知道他这是在颠覆它。

众所周知，从对中央政府职能的仰赖转向对地方社会责任的依托发生在南宋，但黄庭坚的记文表明，这种价值转变在北宋后期已见端倪。好道、好闲、好歌舞，拊孤、拊贫、拊宗、拊客——这些所指涉的都是同一层面的事。富裕的本地乡绅的形象开始形成，地方社会的领袖不但靠自己的家财寻求享乐，也用它在本地社会造福。“乐之”的意思当然首先是“乐在其中”或“以之为乐”，但也可以表示“让其感到快乐”。而“韩正翁而能乐之乎”一句中的“能”字也让人想起《孟子》中的那句“古之人与民偕乐，故能乐也”。

作者接下来给出的论点更加引人注目，他把这位四川富商放在了他与子孙后代的关系中来看：

此乐之情也。将以研桑，何时已哉！金玉之为好货，怨入而悖出，多藏厚亡。他日以遗子孙，贤则损其志，愚则益其过。韩子知及此空为之哉！虽然，歌舞就闲之日，以休研桑之心，反身以期于道，岂可以无孟献子之友哉！孟献子以百乘之家，有友五人，皆无献子之家者也。必得无献子之家者与之友，则仁者助施，义者助均，智者助谋，勇者助决，取诸左右而有余，使宴安而不毒，又使子弟日见所不见，闻所不闻，贤者以成德，愚者以寡怨。于以听隐居之松风，裛渊明之菊露，可以无愧矣。

为其自身计，富商不应过分敛财，因为这样无论如何都会于子孙有害；他倒是应该为地方社会造福，应该多交友，友人们会以各自的天赋本领来回馈他的努力经营。这种聚集友人的方式像极了君王的招贤纳士。在前文中，黄庭坚曾劝韩渐要照料亲族，这里又把他的注意力转向了地方的公共福祉。照《孟子》的说法，此处的地方社会其实已经成为“国中之国”，社群也成为国家的样板。

官员是具有流动性的王朝仆役。他们的所处之“地”存在于王朝的职官体系中。就像年迈的六一居士欧阳脩，他们只能将自身寄寓在一系列可以**随身携带**的物什中。苏东坡总是在写归乡，说要回四川老家，可他再也没有回去过。但在这个新的时代里，所有权——尤其是土地所有权——将人们和某个地方及当地社会联结在了一起。一个人宦游四方以求名（名字 / 名誉），要在官僚体系中觅得一席之地，正如商人周游四方以求利；但若是求道，则只需栖身某一地，“反诸身而已”。

《松菊亭记》中还涉及非常独特的一点，这一点将会把我们带回本文最开始讨论的关于花钱的问题上。唐人有“德业”可以传诸子孙；即便在宋代，也有“学业”可以传代。但是商人的财富只会对子孙有害，所谓“贤则损其志，愚则益其过”。因此黄庭坚劝韩渐花钱为当地社会谋福祉，花钱在当下寻乐，花钱交一些可以为他提供嘉言良策的朋友——比如黄庭坚自己。

附篇　灵台的遗产：“成之”与“废之”

孟子与梁惠王的那段对话是本书中各篇讨论到的最初几个文本之一，对话中援引了周文王与百姓在灵台共乐的情景。虽然其中心问题是且一直是与众乐相对的独乐，但灵台的存在是不可或缺的，它既是一个处所，也是一个可资共享的所有物。

黄庭坚建议四川商人韩渐把松菊亭当作他的灵台：与人共享这处产业，也与人共享他的乐。他是“期于道”的本地慈善家，他也爱闲暇，爱歌舞。正如《孟子》所示，“乐”与“适”并不处于道德行为的对立面，而是经由道德行为来实现的。韩渐成为周文王的一个地方版本，他用家财造福一方，为了民众之乐而与其共享松菊亭。

如果说一个地方上的商人慈善家可以成为周文王式的小国之君的典范，那宋徽宗也可成为像李诜那样贪得无厌的文人藏家。皇帝毕竟比任何人都堪称“有力而强”者。他在宫中以前所未有的规模修建了自己的城中园林，从全国各地搜罗征用奇石异草。他“独乐”到了极致，乐悠悠地占有着这些私有物，不和他的百姓分享。我们说的正是徽宗的华阳宫，也就是艮岳。这个园子 1122 年才完工，徽宗并没能享用它多长时间。

但汴京陷落于金兵之手时，市民们为避难闯入了这座皇家园林。僧人祖秀这样描述当时的场景〔7〕：

> 靖康元年闰十一月，大梁陷，都人相与排墙避敌于寿山、艮岳之巅，时大雪新霁，丘壑林塘，杰若画本，凡天下之美、古今之胜在焉。祖秀周览累日，咨嗟惊愕，信天下之杰观，而天造有所未尽也。明年春，复游华阳宫，而民废之矣。

〔7〕 见南宋张淏《艮岳记》所录祖秀《华阳宫记》；《全宋文》，第 308 册，第 231—235 页。

回想一下《孟子》中讲灵台的那句话：

> 经始灵台，经之营之，庶民攻之，不日成之。

再拿它比对一下上面这句：

> 明年春，复游华阳宫，而民废之矣。

这是一个有关“有之”与“乐之”的北宋故事，与此伴生的主题还包括“名之”。它可以溯源至经部，《孟子》中关于灵台的那段文字就是其权威性的来源。徽宗的故事讲述了一个失败的尝试：一个想在“有之”中长久“乐之”却求而不得的故事。这个新世界是属于韩渐的，属于这位将自己的所获所得与当地社会共享的商人。

6 胸中竹与腹中竹

像韩渐这样的商人自古就有。他们大概是最被人轻视的阶层，文化精英也很少写到他们。经商能得到丰厚的利润，这是肯定的，尤其在广州和扬州这样的大码头；但与欧洲和伊斯兰世界不同的是，我们不大能读到中国的大商人借贷给王公贵族、帮他们购置奢侈品或资助他们争战的事。即便有时能在唐诗中读到有关商人的记载，多半也都是在表达对他们不耕不织却能大量获利的愤慨。有宋一代，商业得到了长足的发展，而且我们有理由确信宋代商人们多多少少都能识文断字，但在文化精英眼中，这些人对“真正重要”的文献并不了解。而这正是黄庭坚要售卖给韩渐的东西。

对于本书而言，宋代商业的增长本身并不构成一个讨论议题，我们的关注点在于此间发生的一种思想倾向，即，如何理解那种依托并取决于某实在物（可以是地产、石头、绘画等）的“乐”。无法获取“某物”，人便会失望、不乐。获取的欲望自然而然牵涉获取的手段，而手段又常常和钱有关。我们同样不能忽略像丝绸这样的现金替代品。精英阶层之间一般性的商务赠礼和施惠还在继续，但“获取”（acquisition）的价值——既包括个人的名望价值也包括商业价值——正在越来越多地进入讨论的范畴。此外，一个交易书画、古玩和太湖石等精雅之物的正经的商业网络业已成形，覆盖全国，纵横交错，物品在其间被不断易手。新的经纪群体也应运而生，实打实地做着精雅物品交易的生意。说到这儿，就要再次提及李清照，她在《金石录后序》中记述了一些男性精英作家很少写到的情形[1]：

> 尝记崇宁间，有人持徐熙《牡丹图》，求钱二十万。当时虽贵家子弟，求二十万钱，岂易得耶？留信宿，计无所出而还之，夫妇相向惋怅者数日。

值得注意的是这句话：“有人持徐熙《牡丹图》，求钱二十万。”设想一下如果她换一种写法会怎样：“有人持《牡丹图》求钱二十万”或“有人持绝美《牡丹图》求钱二十万”。徐熙的签名是有现金价值的，这一点再明显不过了，而这种现象在唐代还并不常见。审美价值意味着现金价值，一个“品牌名”可以成为这种价值的保证；它反过来也可以影响到审美价值的估值。

---

〔1〕《全宋文》，第174册，第117页。

最充分地体现宋代这种思想转向的，当属苏东坡《书王定国所藏烟江叠嶂图》中的一联。这首诗先描述了画中所绘山泉从断崖飞流而下汇入平川，再隐入地平线的景象，接下来就是下面这一联：

不知人间何处有此境，径欲往买二顷田。

这句话诚然是溢美之词，但苏东坡对画作审美价值的这番估值已经近乎一种欲望的表达了——他想告别仕宦生涯另谋所就，尤其想回归故里。如此一来，艺术和广告就被更加紧密地联系在了一起。想到“此境”去是一回事，想在“此境”中买田置地又是另一回事。诗人的这种冲动之外罩着一层典故的光环。“两顷田”用的是战国策士苏秦的典，意指从公共生活退隐后的居所。这是个常用典故，但从来没人提过这“两顷田”是要“买”的。除此之外，名人苏东坡的介入提高了画作的价值，而与他相关的这种“附赠价值”往往又会给他带来更多物质礼品和好处上的回报。在他“毁谤”朝廷的“乌台诗案”中，这些东西曾在卷宗里被罗列出来逐一详考，给人造成苏东坡贪腐的印象。这是一个越来越晦暗的世界，在这个世界中，文字、物品、行为的意义都随着“价值”的实际变化而变化。

苏东坡看上去并不富有，但令他的敌人懊恼的是，他是一位巨星。他动动笔就能财源滚滚：在某个流传很广的故事中，他为了帮一个穷困潦倒的制扇匠人还债，曾在他的二十把扇子上题诗画竹[2]，最终这些扇子以每把千元的价格售出。这或许只是个杭州的都市传说，但它本身很说明问题。据笔者所知，苏东坡没有“卖”过自己诗文或书法作品的记录，但那些收到过他所“赠”诗文和画作的人则非常清楚它们的价值——包括名气上的价值和现金价值。从这个意义上说，他们都欠了苏东坡的债。

精雅物品的买卖、交易、“出借”和展览，表面上看是因为它们能给拥有者带来“乐”，但还有一个原因：通过公共流通，这些物品为其所有者增加了光环，彰显出他们的品位和鉴赏力。与此同时，他们还会反复强调自己对精雅物品的获取欲是正当的，因为这有别于普通人贪恋的那种东西。正如欧阳脩在《集古录目序》中所说，“予性颛而嗜古，凡世人之所贪者皆无欲于其间，故得一其所好于斯”。李清照说到她与丈夫赵德甫的共同收藏时也有类似表达：“于是几案罗列，枕席枕藉，意会心谋，目往神授，乐在声色狗马之上。”

在宋代以前的传统中也有一些通过买地期以为乐的例子，最著名的当数支遁（314—366）欲“买山”之例[3]：

---

〔2〕 何薳：《春渚纪闻》，《全宋笔记》第三辑，卷 3，第 244 页。

〔3〕 本段英文翻译可参见马瑞志（Richard Mather）译《世说新语》（*A New Account of Tales of the World*, Ann Arbor: Center for Chinese Studies, University of Michigan, 2002, p. 445）。

支道林因人就深公买印山，深公答曰：“未闻巢、由买山而隐。”

巢父和许由都是古隐者的典范。尽管竺潜（竺法深，深公）给出了理所应当的反诘，“买山”一词还是成为人们寻求退隐之所时常用的语典。另一个“买山”的例子出现在柳宗元（773—819）的《钴鉧潭西小丘记》中（此处的“买山”不是为了归隐，而是发生在贬谪中），文中记载柳宗元以四百钱买下了这个小丘。此后小丘便成了他和友人们的同游之所。如果这山上有蛙，那它们就是不属官的“私蛙”，虽然蛙们对此一无所知也不以为意。

到了宋代，此类事件发生的规模已经大大不同，其流传所涉的群体也相当广泛。有教养的士子们被教导要以孔门子弟颜回为榜样，不以贫贱改其乐。他们对由商业和获取（acquisition）所主导的世界不以为然，但这个世界已经来到了他们中间。他们也曾试图抗拒。苏东坡告诉王诜，最好的状态就是在占得并享用某物一段时间后对其放手；他也曾在某个机辩的场景中指出，免于挟物也是一种对物的依赖，无异于占有它们。可待他得到了仇池石却无法让自己放手，辩解说他想要的仅此而已——这体现了“知足”的古老原则。但见了“壶中九华”他又突然觉得仇池石太“孤绝”，说只要再多这么一块石头他的集藏就能完整了。人一旦相信“获取”能带来快乐和满足，那就总会想“只再多这么一块石头”就好。

对艺术品商业价值的觉知甚至在与此最不搭界的艺术家身上也能见到，这便说到了苏东坡的《文与可画筼筜谷偃竹记》。与《石钟山记》类似，通读全篇就会发现，文中所示的思想史意义与其文学意义殊有不同。或许，被我们理解为“文学意义”的东西是可以被延展并嵌入所谓“思想史意义”的范畴中去的。因为它也是当时思想界的一部分，虽然它因不做后者那样的论断而往往被排斥在外，而且在本篇讨论的例子中它只能在“玩笑”的安全范围内得以呈现。

在《文与可画筼筜谷偃竹记》中，通常意义上的思想史之“教”（lesson）在开篇即已界定点明，继之以苏东坡的评语：“与可之教予如此。”人们常会单摘出这一段而忽略下文中关于文同作画的论述。而且这段也是成语“胸有成竹”的来源。我毫不怀疑文同（文与可，1018—1079）曾说过一些表达此类意思的话，而且这也代表了中国绘画理论中的一个独特流派，该理论流派在苏东坡这里得到了充分发展以至登峰造极。但是，当我们结合文中其他段落的语境通读全篇后就会发现，文章至少变复杂了。如果有人质问文同，他或许会回答说，开篇之“教”是关于画竹“应当”如何的教理；但在现场环境中画竹则未必如此。

在这段广为人知的“教”之后，本文记述的主要是关于苏东坡与文同戏笑的回忆。戏笑是苏东坡谈论某些麻烦问题的一种方式，这些麻烦问题往往不被当作，或许也无法被当作“教”的题中之意。本文除开篇之教以外的其他部分大多没有申发类似的大哉“教”，却把另外一些东西视为应然，而这些东西也是思想的一部分，并不亚于此“教”本身。

傅君劢写过一篇精彩的论文，题为“Pursuing the Complete Bamboo in the Breast: Reflections on a Classical Chinese Image for Immediacy”[4]。论文题目部分借用了苏文之题，但用苏文文末所记之“腹中竹”则补全了其开篇之“教”。傅君劢的论文主要讨论了此“教”在中国传统中的历史演变，并与欧洲传统中“即性”（当即、直接，immediacy）的概念做了对比。

傅君劢的讨论略过了“教”的头几句，但这几句还是值得讨论一下：

> 竹之始生，一寸之萌耳，而节叶具焉。自蜩腹蛇蚹以至于剑拔十寻者，生而有之也。今画者乃节节而为之，叶叶而累之，岂复有竹乎！

这里的根本问题在于，竹并非只是心中眼中之象，它还是

〔4〕 傅君劢（Michael A. Fuller），“Pursuing the Complete Bamboo in the Breast: Reflections on a Classical Chinese Image for Immediacy,” *Harvard Journal of Asiatic Studies* 53, no.1（June 1993）, pp. 5-23。

一个正在生长的有机体，有其“势”（propensity，借用程抱一的译法）。“势”在书法理论中已经是一个标准术语，用以描述笔触的运动形态，内蕴于静态图像中的动势。墨竹绘作过程中的行笔与有机体的生长之“势”多有相契之处。苏东坡这里没有用“势”这个字，但传达出了他对竹子内在生长力的描述。苏东坡唤起的既不是竹的“理念”（ideal），也不是某一杆竹子的摹仿（mimesis），而是一种将生长具象化了的态势。

竹之始生只有一“寸”之萌。苏东坡同时代的任何一个中国读者都不会错过灵府（即竹之象所驻于其间的“心”“胸”）与其常见指代词“方寸”之间的关联。“方寸”的确是“心”的雅称。因此，叶节皆备且具生长之势的寸芽，恰可落入方寸之中。正如下一段文字所示，画家所画的，乃是“成竹”。但画家又必须以某种方式在视觉画作中呈现出有机体的生长势能。那种“节节为之”“叶叶累之”的最为精细的分门别类的画法实则与竹之何以“为”竹的本质背道而驰。

我们接着再来看傅君劢讨论过的那段教导性的文字：

> 故画竹必先得成竹于胸中，执笔熟视，乃见其所欲画者，急起从之，振笔直遂，以追其所见，如兔起鹘落，少纵则逝矣。与可之教予如此。予不能然也，而心识其所以然。夫既心识其所以然而不能然者，内外不一，心手不相应，不学之过也。故凡有见于中而操之不熟者，平居自视

了然，而临事忽焉丧之，岂独竹乎？

问题是，鹘之所为乃是出于天性，而人之所为却只能通过习得，至少苏东坡是这么解释他为什么无法践行文同所教的——因为他“操之不熟”。如果鹘是按天性行事，那么人则应该按“第二天性”行事：这是想象当中的某个节点，经过修习之后，过了这个节点人就能下意识地行事。鹘不需要头脑中的象——它看得到兔子本身。要是一只鹘非得通过“习”才能击捕到兔子，那它就只有死路一条了。苏东坡之所以“不能然”，是因为在他的计划与行动之间还隔着那个稍纵即逝的瞬间，他期待自己有一天能做到心手合一。

苏东坡对他“不能然”的自我批评让人想起孔子的话：“生而知之者，上也；学而知之者，次也。”（《论语》16.9）“生而知之”是圣人和鹘的标识；其生而知之者将“是”（be）其性。除了圣人之外的其他人，都必须“学而知之”。他们希望能不离本性而“似”（like）圣人，知道人应该如何依照“第二天性”行事。这就又要说到《论语·为政》的第四则：“吾十有五而志于学，三十而立，四十而不惑，五十而知天命，六十而耳顺，七十而从心所欲，不逾矩。”这就是说，通过终身修习，所教久而久之会成为第二天性。苏东坡说他尚未获得如此完善的“第二天性”。

持久地修习和专注、熟视以成其象，这无论如何都不算是“即性”（immediacy）；“即性”只在象一蹴而成、手直遂以应的那个瞬间发生。然后还有《庄子》中的轮扁，他向桓公解释为什么他无法将自己的手艺解析传授给儿子时说，因为他是“得之于手而应于心”。这里的意思似乎是手在“习”。若是如此，文同所教便是无谓之教了。

此“教”有一个曲折复杂、源流相应的历史传统，这也就是为什么它成为本篇记文中最常被征引的片段。而这段教导之后的那段文字则记述了一个属于宋代的、前所未有的新现象；当时人和后来人都能领会其意，但后面的这段在历史上却没有产生像开篇之“教”那样的回响。开篇之“教”中的论点不难，也不会引人不适——它的深刻是循规蹈矩式的深刻。它是严肃的——或至少假装如此。但除此之外，这篇记文的其他笔墨大多着眼于苏东坡与文同之间的戏笑。

在这些戏笑文字之前还插入了苏东坡弟弟的一段话，苏辙称颂了文同之教，以其为“有道”者。

> 子由为《墨竹赋》以遗与可曰：“庖丁解牛者也，而养生者取之。轮扁，斫轮者也，而读书者与之。今夫夫子之托于斯竹也，而予以为有道者，则非耶？”子由未尝画也，故得其意而已。若予者，岂独得其意，并得其法。

苏辙提到了《庄子》中两个著名的故事，故事中的两个人各自展现了自己精通的技能，都是当即直接（immediate）、未加反思（prereflective）的技能。庖丁解牛而刀从不变钝，因为他是顺着牛身的“间”来运刀。前面提到过的轮扁，他斫轮的技巧哪怕是对自己的儿子也无从言表、无法传授。后面这个例子让文同的画竹之“教”失效了。苏东坡对文同之“教”的“不能然”验证了轮扁关于“教”的“教”。苏辙得出了一个意料之中的庸常结论：文同是“得道”者，画竹不过是他“得道”的一个经验性的器皿。

就在这时，苏东坡以其黠智重掌了行文的走向——他无法忍受庸常，哪怕是弟弟的庸常也不行。如果说苏辙提供了一个标准说法，即“得道”是终极价值，而水墨只是通向终极价值的一个个例，那么苏东坡则是把这个等级倒转了过来，他实际上是在说，文同之教教的不只是道，它还教了他绘画的具体技法。

这个小小的幽默构成了一个转折点，其后的文字便转而不谈简易的教导了。某种恼人的、搅扰性的东西闯入了那个由心、物、手等概念界定的井然而封闭的艺术理论世界。一篇以“胸中竹”之教开篇的文章，却结束于文同的烧笋野餐：他读了苏东坡寄来的一首戏笑诗，“失笑喷饭满案”。当这种情况发生时，苏东坡是在“戏”。而当苏东坡“戏”时，通常是因为他找不到其他的方式来谈论某些重要的事。我们只有把整篇文章当成一个整体来读，才不会错过里面的思想观点和有趣之处。

苏东坡一直在使用高级的艺术理论修辞，也一直在谈当时的重大议题，思想史家们便上钩了。但突然之间，他完全舍弃了这套说辞，转而用一种非常不同的方式来谈论“世间”的画作。后面的段落中不再有权威的真理或教导，而是在写绘画对于一个人（文同）的意义的变化，也包括苏东坡自己的变化。这就是我们讲的第二个“时刻”：行文先是变得充满喜感，继而又是痛苦的悲伤。

要还原近千年以前用不同语言写就的一首古诗中的幽默感并非易事，但像《文与可画筼筜谷偃竹记》这样的文章则完全系于它的幽默感。当他转换话题开始写文同本人时，苏东坡的第一句话是：“与可画竹，初不自贵重。”苏东坡的读者们都知道“不自贵重”这个说法，这是韩愈名篇《柳子厚墓志铭》中形容柳宗元的一句话。柳宗元年轻时加入王叔文一党，后者曾在新继位的唐顺宗中风失能时发动过一场政变，掌管了朝政。唐顺宗的继承人，即后来的唐宪宗继位后，王叔文被处死，他的同党也被流放到了南方的荒蛮之地，做着极其苦闷的差事。由于他的“不自贵重顾籍”，柳宗元在流放中度过了余生。这对苏东坡来说是个沉重的典故，他自己的仕途也因党争和自己的“不自贵重”遭受重创。

但“不自贵重”一语的沉重感在苏东坡的这句话中显得很突兀：“与可画竹，初不自贵重。”我们会想，画竹何以会置人于危境？后面的几句话抖出了包袱：

与可画竹，初不自贵重，四方之人持缣素而请者，足相蹑于其门。与可厌之，投诸地而骂曰："吾将以为袜。"士大夫传之以口实。

由于他的"不自贵重"，文同的画竹天分被很多人知道了。从外面那个讲求惠赠和礼品的精奢商业世界来的士绅们，拿着丝绢排着队，踏进了那个讲求熟视成象、心手相应、振笔直遂的阳春白雪的艺术理论世界。

文同显然不是有钱人，他画竹肯定是在纸上画的。丝绢价格昂贵，而且像金银一样是可以被当作交易的现金替代品。人们拿来丝绢请文同在上面作画，这表明审美价值转化为商业价值有多么容易——我们不难想象：那些手持缣素的士绅们都明白，文同随便在上面涂抹几笔竹子，这些丝绢就能比原来多值很多钱。艺术家变成了一个工坊，工坊里积压着一堆等候他灵感的订单。

我们还可以再做一个合理推断，手持缣素来求画的士绅们不会在自家厅堂上把那些丝绢裁成刚巧适于呈画的大小，这样会显得他们很小气。他们拿来的丝绢多半会有些富余，一方面作为"礼金"，另一方面是考虑到或许这可以促使文同产生灵感在上面多画些竹子。下文中的那首戏笑诗就是在开这些多出来的丝绢的玩笑。

文同试图逃离这个画竹的工坊，他一通发作，把丝绢丢在地上，还说要用它们来做袜子——他要把丝这种艺术表达和商业交易的媒介变成某种能派实际用场的东西，却无法逃离“名”的困扰：这通发作变成了一个到处流传的好故事，为他平添了古怪艺术家的光环，他“作品”的价值也应声上涨。

文同最终还是想到了一个逃离的办法：

> 及与可自洋州还，而余为徐州。与可以书遗余曰：“近语士大夫，吾墨竹一派，近在彭城，可往求之。袜材当萃于子矣。”

文同这实际上是在假装隐退，把“墨竹派大师”的衣钵传给苏东坡。这种操作士绅们都看得懂。

处于心中之竹和绢上之竹边缘的商业主义开始进入我们的视阈。在后文的那首戏笑诗中，作为媒介的丝绢成为竹子与资本之间类比的一个关联点。与资本类似，竹之始生只有地上或心中小小的一“寸”之萌，却有持续生长和增加的“势”。

在附于信末的诗中，文同想象着要画一杆“超级竹子”；而苏东坡则想到了画“超级竹子”不可或缺的媒介——丝绢；画中之象尺寸的增大也意味着其物质媒介丝绢的现金价值的增加。

> 书尾复写一诗，其略曰：“拟将一段鹅溪绢，扫取寒

梢万尺长。”予谓与可，竹长万尺，当用绢二百五十匹，知公倦于笔砚，愿得此绢而已。

当文同想象着寸许的萌芽长成万尺高的竹子时，苏东坡立马算出了画这么一幅画需要多少匹绢。常见的夸张性诗语被转换成了丝绢的存货量，艺术家的梦也随即变成了艺术家资本的增长。

这两个朋友，一长一幼，已经把这事降格为了机辩的戏谑，但论到斗机锋，当代无人能出苏东坡其右，他是戏谑的大师。文同有些不知所措。

与可无以答，则曰：“吾言妄矣，世岂有万尺竹也哉。”余因而实之，答其诗曰：“世间亦有千寻竹，月落庭空影许长。”与可笑曰：“苏子辩则辩矣。然二百五十匹，吾将买田而归老焉。”因以所画筼筜谷偃竹遗予，曰：“此竹数尺耳，而有万尺之势。”

按理来说，谁都不应该考虑钱的事——士这么做是不合适的——但你只要稍微读一些北宋的文献就会发现，有很多士人的的确确都在考虑钱的事。

苏东坡污染了这套话语体系，但不是用钱财，而是用对钱财的幻想。他的话让文同动了心思。苏东坡想展示他的聪明——他总是如此——他给文同举了个例子，告诉他的确存在他想象中那么高的竹子。苏东坡诗里这杆竹子的身姿甚至更挺拔，因为它的竹影在西沉的月光中被拉长了，诡异地让人想起水墨中的黑白两色，在人的脑海中，缣素上这“寸”许的竹子能长到任何想象中的高度。这就是竹子得以长高的“势”。文同此前否定过自己对增长之势的幻想（“吾言妄矣”），但在苏东坡的这番言之凿凿面前，他先前的否定立场又崩了；此刻他开始想他或许真能通过卖画挣到足够多的钱买田归老。

“初不自贵重”、不小心让他的墨竹画作在世上出了名的文同，现在却幻想着得到二百五十匹绢和买田归老的可能性。精英阶层对商业嗤之以鼻，以阳春白雪的理念高标自诩，但商业的现实世界和经济生活很容易就蔓延到他们持守的边界，尤其是当他们考虑退休的时候。在给文同的下一首诗中，苏东坡甚至让文同想象中用作画的丝绢积累起的资本又“长”了不少，让他的财富达到了更惊人的体量。

“墨竹”被认为是在美学价值上最尊贵的文人画形式之一。但在苏东坡这篇名文中，竹子的对等物是资本，开始的时候很微小——竹之始生只有一“寸”之萌，恰好嵌入画家的“方寸”之中，却具备长成千寻之“势”，而且需要大量的丝绢——这简直是竹子界的巴菲特（Warren Buffet）。筼筜谷中的小竹子们就内含着这种千寻之“势”。

筼筜谷在洋州，与可尝令予作《洋州三十咏》，筼筜谷其一也。予诗云：“汉川修竹贱如蓬，斤斧何曾赦箨龙。[5]料得清贫馋太守，渭滨千亩在胸中。”与可是日与其妻游谷中，烧笋晚食，发函得诗，失笑喷饭满案。

高贵的竹子是一种意蕴悠长的植物，有着引人深思的形象。它被诗意地称为“此君”，以有“节”（节操，竹节）和坚忍（经冬常绿）著称。竹子是儒家君子崇尚的偶像。作为笋，它还是一种美味的蔬菜。

去解释一个一千年前的笑话的笑点很难，但苏东坡的诗很好笑。笑点部分在于有关商业价值的那个问题。“贱”，在商业语境中是“贱价”（所谓贱买贵卖）的意思，但它也是一个表示阶层的词，“低贱”，恰恰是高贵的“君竹”的反面。从低贱 / 贱价的笋长成超级竹子，这和社会流动、资本积累、由“贱”而“贵”的转化之间是否存在某些关联？开篇谈到的艺术家的“胸中竹”此刻已经变成了名副其实的竹园，为艺术家提供着大地主的收益。

一开始，我们或许不太明白为什么他们要用“斤斧”“无赦”地乱砍——竹子是有很多用处的——但读到紫皮的“箨龙”时就明白了，因为这是些食用价值极高的笋。龙可以缩到

〔5〕 竹笋的叶鞘泛紫色。“龙”喻竹。

很小，但也可以伸长到极巨极大，正如竹之始生只有一寸之萌却有着长势，在想象中甚至可以长至万尺。“太守”文同生活在高贵的清贫中，吃着贱价的竹笋。但他同时怀着对财富的梦想：他是有“胸中竹”，可他也有腹中竹——他的确拥有着那著名的“渭滨千亩”竹园。文同当然认得出这个典故：这是公元前1世纪左右司马迁在《史记·货殖列传》中提到的。[6]司马迁说，任何一个在汉王朝中占有这么大一片地方的人都相当于是个千户侯。所以大致说起来，文同你虽居于贫贱，吃着最便宜最低级的食物，但你心里有竹子，这竹子既是一个有关财富的梦，同时也是可以长成画，然后让别人送丝绢给你的寸许的竹芽。

苏东坡的诗送到文同手中时，恰值文同正在篔筜谷中烧笋晚食。这在中文中叫作“巧”。文章起笔于胸中的竹芽，终章于腹中的竹笋。前面的竹芽长成之后，会在一个恰当的瞬间从艺术家手中生成；呈现在丝绢上的竹子价值不菲，会引人排着队手持缣素前来求画。而腹中的烧笋则被“失笑”喷在了桌案上。画胸中之竹的手——比如苏东坡的手——也许会错过那个“稍纵则逝”的瞬间，但腹中竹笋却是出于本真而无意识的“即性”（immediacy）被释放出来。前者属于艺术家；后者属于那个居简、无奢、想着用多出来的丝绢做袜材，还吃着烧笋

〔6〕 司马迁：《史记》，中华书局，1982年，第3272页。

的太守。

道理直白的开篇之“教”，加上后面这段将一切变得复杂起来的补充文字，让人想起了《庄子·外物》中有关言意之辨的那个著名的段落：

> 荃者所以在鱼，得鱼而忘荃；蹄者所以在兔，得兔而忘蹄；言者所以在意，得意而忘言。吾安得忘言之人而与之言哉？

和苏东坡本篇记文类似，《庄子》中的这段文字也是前面的部分被经常引用，后面那部分——这里指本段最后一句——也就是在此前已经“完整”的道理上又加了某些东西的那部分，却总是被人忽略。尽管《庄子》的注家们竭尽全力想把最后一句解释得严肃正经，但这句让前面已经说得很清楚的简明道理变得不再清楚简明的话听上去就很像一句玩笑。中国的读者们基本都知道常被引用的前面那段话，或至少知道“得意忘言”这个成语。不断用“言”来重复言荃之喻显然有些讽刺，因为“言”原本具有自我消解的性质——至少会从记忆中消退——它是无法被理解的。更加讽刺的是那个不加掩饰喋喋不休说着这段话要找人讨论的“吾”，而且他想讨论的多半还是有关“忘言”的话题。更进一步说，他想与之讨论的人已经“忘言”，因此也不再需要领受有关言荃之辨的道理了。

尽管这段著名的文字不是出自《庄子·内篇》，但无论这是谁写的，他都已经完全掌握了庄周式的哲理智慧。庄子爱“言”，有时候也爱用更多的“言”来消解或复杂化他刚刚说过的“言”。**总会**存在一些尚待“言”说的东西。同理，苏东坡关于文同之“教”的话和他后面那几段文字并不冲突，只是当我们把这位画家放进人世间去看之后，他的“教”就变得不可逆转地复杂起来。我们受邀去想象那些士绅手持缣素排队求画的场面：来的每个人都轮流提醒画家，要先有成竹在胸，然后抓住那个适当的瞬间直抒胸臆落笔成象。更有甚者，某位士绅可能还会跟排在他后面的那位士绅说：“这会他心里正酝酿着成竹的想法呢，看他在绢上画得多快！”

当我们总算看到了文同因苏东坡的戏笑诗喷饭满案时，“言”却未终结，仍有尚待“言”说的东西。而且，补充文字再次改变了一切。

> 元丰二年正月二十日，与可没于陈州。是岁七月七日，予在湖州曝书画，见此竹，废卷而哭失声。昔曹孟德《祭桥公文》，有车过、腹痛之语，而予亦载与可畴昔戏笑之言者，以见与可于予亲厚无间如此也。

在文章的最后，我们终于读到了此文的创作情境和缘起：某个秋日，苏东坡在曝书画。他一开始并没有想到文同，看到画才想起这位年初离世的挚友。画作是他们长久友谊的某个瞬间留下的遗迹，一个他想讲出来的故事。遗迹通向欢笑的记忆；但一同欢笑的斯人已逝，这改变了欢笑的记忆，却并未抹去那欢笑本身。有了画作背后的这个故事，这幅画在我们眼中就不再只是一件艺术品，不再只是这位墨竹名家的一件纪念物。

和许多中国作家经常采取的办法一样，苏东坡也用了一个古代的例子来理解自己的处境。或许只有苏东坡才敢这样自比汉末的枭雄曹操。桥玄是第一个告诉曹操他有命世之才的人（正如文同将“墨竹”派大师的衣钵传给了苏东坡）。当曹操和其他人一起优哉游哉地路经桥玄墓时，刚走过去没几步就感到了来自记忆中的腹痛。我们当然也不会忘了文同腹中的竹笋。

或许我们可以反思一下什么才是经由文学文本来体现的知识的本质。它显然不是文同之“教”中提到的关于何时当振笔直遂的那种知识。最贴近这一本质的，也许是读者们必须具备才能领会文中幽默感的那种知识。这是一种非常特别的历史知识，我们会突然意识到那些人也知道我们知道的东西。他们或许会没完没了地标榜“即性”（immediacy），但他们懂这人世间的真实复杂，也懂深植于社会关系中的林林总总，这些林林总总中包含着一些在人世间永远不可能完美实现的价值原则。

这里值得反思的是知识的问题。文同关于画竹的权威之教是传统价值观的一种变相表达，在这个背景中存在这么一个假设："精通"是在长时间的操练之后才能达成的。这种"精通"就是苏东坡所受之"教"的验证。不存在关于如何改变或演进这种"教"的指示，此"教"总是被呈现为一种稳固不变的真理。

达到精通阶段意味着价值已经被内化到了不加反思就能行事的程度。这种终极的、先于反思而存在的知识在中国的确有一个悠久的传统。它的确可以被当成"传统中国价值观"来传授，它以新颖的方式重申了某些已为人熟知的东西，而且能带来如此令人满意的效果。

但当文明发展到了某个特定阶段，这就显得不充分了。文同之"教"、那陷于"言"中而被消弭掉的理念，是无法和文章后半部分描绘的文同形象相协调的——尽管这一形象也是通过"言"才得以呈现。认识到这种不协调至关重要。文章后半部分写的文同，从不曾掌握那种完备的"精通"；他身处人世间，要么没有完全意识到自己在做什么，要么面对那种将他奉为"大师"的社会力量几乎束手无策。对于第一个版本的文同，他的大师之教苏东坡可以识之于心却无法应之于手；对于第二个版本的文同，苏东坡很容易就能理解他为什么不愿意接受墨竹大师的身份。第二个版本中的文同慌乱无着，对退休满怀忧虑，给不出任何标准意义上的价值观之教。然而，这一版本的文同却是我们每个人都能有所认同的，苏东坡也是如此，理所当然地相信他的读者都能读懂这样一个人。

要描绘身居人世间的这么一个人，苏东坡必须先谈一谈标准性的价值原则，继而才能展现存在于它们之外的那些东西。标准的价值原则不是不对不真，而是不充分，或者干脆就是不完整。在它之外还存在尚未言及的东西。

结　语

让我们回到本书的起点，欧阳脩的那个笑话。欧阳脩讲了一个笑话，我们笑了，也一起会意了其中的幽默。突然间欧阳脩在结尾加了句道德评判，对此做出了否定：冯道等人的行为不是一个宰相该有的行为。尽管他的批评不是针对我们这些被逗笑的读者，但从我们被逗着发笑到被招呼着做严苛的道德评判，这两种语境之间的转换还是让人感到不适。

我们反过来想，如果欧阳脩没讲这个笑话，只是简单描述了一下场景，那情况就会很不同。比如他说："冯侍郎与和侍郎戏谑，中书哄堂大笑。此举于威望有损，无以镇服百僚。"如果用这样的方式表达否定的评判，读者大概会舒服一些；但如此一来就没有多少人会读这个故事并记住这个故事了，我想。

读者感受到的那种突然的针刺般的不适感，并非来源于这则逸事的内容，而是它书写的方式。它让我们一起笑了，随即又把我们丢在那儿，作者则变换角色成了道德裁判。笑话本应是个受保护的对话空间，社会语境中的各种规则在这都会被暂时悬置。

在我们自己的社会中，我们很可以理解笑话的危险性，知道笑话有多容易越界，并触犯社会的道德边界。但如果要做道德评判的话，我们期待它是由听笑话的人来做，而不是由讲笑话的人。

在欧阳脩这个笑话和我们讨论过的许多其他文本中，讲述者都处在被检视的状态，甚至他自己都会检视自己。想象中的“客”无所不在，随时随地会加入进来进行批判，要求讲述者做一番解释。通常情况下，主述者都会立场崩解，做出让步，或者试图转换话头。这在作家文人中似乎已经成为一个普遍现象，苏东坡的“乌台诗案”只是其中一个极端例子而已：御史台翻检了他所有的诗文作品，不放过任何在政治上或伦理上有亏的言论。或许，导致文学的重要性式微的不是道学的兴起本身，而纯粹是因为恐惧。哪怕是在苏东坡那篇全然无害的《石钟山记》中，也有隐身于黑暗中的讥笑声盘旋在他头上。

欧阳脩之所以急于提出批判，很大一部分原因是他要把这个笑话置于其历史场景中。如果这个笑话讲的是战国时候的事，那把它剥离出历史场景就很容易，称笑话里的人是“宋人”即可（宋国人，不是宋代人；宋国在战国诸国中经常遭人嘲笑），其中的幽默感也一点不会减少。对历史行为和事件做道德评判的诉求在传统上古已有之，但这诉求并不总是那么紧迫。而在欧阳脩的例子里，即便笑话是他自己讲的，他也无法容忍下属在中书堂笑话他们长官的场景出现。

欧阳脩没有把这则笑话归在他的“经典”（classical）类写

作中。中文不用“经典”这个词来表示这类写作，但这是个很有用的词，它可以用来指那些典正庄肃、会进个人“文集”的文体（genres）。“经典”文体就好比中书堂，必须保持尊贵威严的姿态。我们一直在讨论的这个笑话是收在欧阳脩的《归田录》中的，这本书里都是些不太严肃的“条目”（entries），而不是各种文体（genres）作品。

11世纪，在已有的传统文体之外开始出现新的散文样式。这些新样式通常被称作“杂文”（informal prose），因为比起“文集”中的作品，它们总体而言写得不那么精致。这类作品往往是单独流传的。在这些新样式（forms）中，少数几个得以跻身标准文集所收之列，成为新文体（new genres），但经典文体系统（the classical genre system）的大门正在关闭。新的杂文类写作的规矩要宽松一些，但我们从欧阳脩这则笑话里可以看出，对写作的检视也已经蔓延到了杂文领域。苏东坡既写经典文体的作品也写杂文杂诗——前者的大门越关越紧，他是站在那个日益变窄的门缝里进行创作的，多半还用脚抵着门。

经典文体和杂文类之间并非完全隔绝，彼此也有渗透，而且经典文体内部仍然有好作品出现，但到了南宋，情况已经发生了变化。在这之后，最好的“古文”是用著名的“八大家”来代表的：两位来自唐代，六位来自北宋。但我们再仔细看一看就会发现，近七百年的散文创作，其代表者仅仅只有唐代短短的一代人加上北宋的欧、苏两代人而已。

延伸阅读

在学术界，宋史研究要比宋代文学研究发达得多。而宋代文学的研究又大多集中在宋诗上，对散论式散文（essayistic prose）的研究关注不够。艾朗诺是个重要的例外，他的研究诗文兼涉。艾朗诺已经出版过一系列关于重要作家研究的专著和美学发展研究的著述：*The Literary Works of Ou-yang Hsiu (1007-72)*（Cambridge: Cambridge University Press, 1984）；*Word, Image, and Deed in the Life of Su Shi*（Cambridge, MA: Council in East Asian Studies Publications, 1994）；*The Problem of Beauty: Aesthetic Thought and Pursuits in Northern Song Dynasty China*（Cambridge, MA: Harvard Asia Center Publications, 2006）[1]，以及 *The Burden of Female Talent: The Poet Li Qingzhao and Her History in China*（Cambridge, MA: Harvard University Asia

〔1〕 中译本可参考杜斐然、刘鹏、潘玉涛合译，郭勉愈校：《美的焦虑：北宋士大夫的审美思想与追求》，上海古籍出版社，2013 年。——译者

Center, 2013）[2]。

傅君劢（Michael A. Fuller）的 *The Road to East Slope: The Development of Su Shi's Poetic Voice*（Stanford, CA: Stanford University Press, 1990）是一部苏诗研究的杰作，但书中也包含对苏文研究富有价值的讨论。连新达（Xinda Lian）的论文"The Old Drunkard Who Finds Joy in His Own Joy-Elitist Ideas in Ouyang Xiu's Informal Writings"对欧阳脩的散文做了一些有意思的研究，也讨论到了本书中分析过的几个文本；参见 *Chinese Literature: Essays, Articles, Reviews*（*CLEAR*）23（December 2001）, pp. 1-29。

艺术史研究是与文学研究携手相关的一个领域，它关注的是艺术品生产的社会情境——即，各式各样的社会价值的创造。这个领域有一些典范性的著作，例如石慢（Peter Sturman）的 *Mi Fu: Style and the Art of Calligraphy in Northern Song Culture*（New Haven, CT: Yale University Press, 1997）[3]；韩文彬（Robert Harrist）的 *Painting and Private Life in Eleventh-Century China: Mountain Villa by Li Gonglin*（Princeton, NJ: Princeton University Press, 1998）；姜斐德（Alfreda Murck）的 *Poetry and*

〔2〕 中译本可参考夏丽丽、赵惠俊合译：《才女之累：李清照及其接受史》，上海古籍出版社，2017 年。——译者

〔3〕 中译本可参考张荣芳、祝帅合译：《米芾：风格与中国北宋的书法艺术》，江苏人民出版社，2024 年。——译者

Painting in Song China: The Subtle Art of Dissent（Cambridge, MA: Harvard University Asia Center, 2002）；以及毕嘉珍（Maggie Bickford）的 *Ink Plum: The Making of a Chinese Scholar-Painting Genre*（Cambridge: Cambridge University Press, 1996）。

比起蔚为大观的宋史研究，宋代文学的研究有些相形见绌。最好的概论性的宋史读物，或可算崔瑞德（Denis Twitchett）和史乐民（Paul Jakov Smith）编纂的 *The Cambridge History of China*, vol. 5, part 1: *The Sung Dynasty and Its Precursors, 907–1279*（Cambridge: Cambridge University Press, 2009）。其中，史乐民写神宗朝和王安石变法的那一章非常有助于分析当时经济状况的复杂性和引发了纷争的"新政"。

对于理解 11 世纪那些导致了道学（新儒家）之兴起的各种力量潮流，我的同事包弼德（Peter Bol）对我影响很深，这种影响既来自他的著作 *"This Culture of Ours": Intellectual Transitions in T'ang and Sung China*（Stanford, CA: Stanford University Press, 1994）[4] 和 *Neo-Confucianism in History*（Cambridge, MA: Harvard University Asia Center, 2008）[5]，也来自我们俩三十多年来的谈话讨论。但著作是可及的（accessible）。对于我们之

〔4〕 中译本可参考刘宁译：《斯文：唐宋思想的转型》，江苏人民出版社，2017 年——译者

〔5〕 中译本可参考王昌伟译：《历史上的理学》，浙江大学出版社，2010 年。——译者

间对谈的任何误读全然来自我本人。

关于宋代的印刷及其与手抄本文化之间纷乱难缠的关系，读者应该去读一读苏珊·彻尼亚克（Susan Cherniack）的论文："Book Culture and Textual Transmission in Sung China," *Harvard Journal of Asiatic Studies* 54, no. 1（June 1994）, pp. 5–125。

我对于宋史很多方面的了解都仰赖伊佩霞（Patricia Ebrey）的著述。在妇女史研究领域，没有人可以做得比她的 *The Inner Quarters: Marriage and the Lives of Chinese Women in the Sung Period*（Berkeley, CA: University of California Press, 1993）[6] 更出色。关于徽宗朝的研究，可参考的著作包括氏著 *Emperor Huizong*（Cambridge, MA: Harvard University Press, 2014）[7]，以及她与毕嘉珍（Maggie Bickford）合编的 *Emperor Huizong and Late Northern Song China: The Politics of Culture and the Culture of Politics*（Cambridge, MA: Harvard University Asia Center, 2006）。

北宋文学的一个决定性时刻是苏轼的"乌台诗案"。据信，他因作诗批评皇帝支持的"新政"而涉嫌谤讪皇帝，由此受审入狱。尽管苏轼的突然被捕和案卷中的文学解读（以

〔6〕 中译本可参考胡志宏译：《内闱：宋代的婚姻和妇女生活》，江苏人民出版社，2004 年——译者。

〔7〕 译本可参考韩华译：《宋徽宗：天下一人》，广西师范大学出版社，2018 年。——译者

及误读）是出于政治性而非道德性的目的，但该事件让检视文化（culture of surveillance）中令人焦虑的那些东西浮出了水面。对此，本书讨论到的文本中有大量的“预辩”，即，对反对和批评之声的预见。蔡涵墨（Charles Hartman）写过两篇讨论苏轼“乌台诗案”的精彩论文：“Poetry and Politics in 1079: The Crow Terrace Case of Su Shih,” *Chinese Literature: Essays, Articles, Reviews*（*CLEAR*）12（December 1990）, pp. 15-44；“The Inquisition Against Su Shih: His Sentence as an Example of Song Legal Practice,” *Journal of the American Oriental Society* 113, no. 2（April-June 1993）, pp. 228-243。

所有权（ownership）是贯穿全书各章的议题之一，因此我们会关注到经济，最终也会谈到生产（production）。作为读着伊懋可（Mark Elvin）的 *The Pattern of the Chinese Past*（Stanford, CA: Stanford University Press, 1977）成长起来的学者，我曾倾向于认为宋代有一个农业“革命”。宋代经济比唐代要发达得多，这一点毋庸置疑；但我现在逐渐意识到，宋代农业发展的变化是一个比我之前认为的更为渐进的过程（尽管一年两熟的作物的推广的确是一个令生产力水平飙升的重要因素）。关于宋代经济的最新研究，有兴趣的读者应该去读一读万志英（Richard von Glahn）的 *The Economic History of China*（Cambridge: Cambridge University Press, 2016）。